AF 137887

La Civilisation des 7 Rivières

La Civilisation des 7 Rivières

La Civilisation des 7 Rivières

La Civilisation des 7 Rivières

© 2024, Hervé Le Bévillon
Édition : BoD • Books on Demand GmbH, In de
Tarpen 42, 22848 Norderstedt (Allemagne)
Impression : Libri Plureos GmbH, Friedensallee 273,
22763 Hamburg (Allemagne)
ISBN : 978-2-3225-3710-5
DÉPOT LEGAL : SEPTEMBRE 2024

La Civilisation des 7 Rivières

Sapta Sindhu : la civilisation sans ego

Hervé Le Bévillon

La Civilisation des 7 Rivières

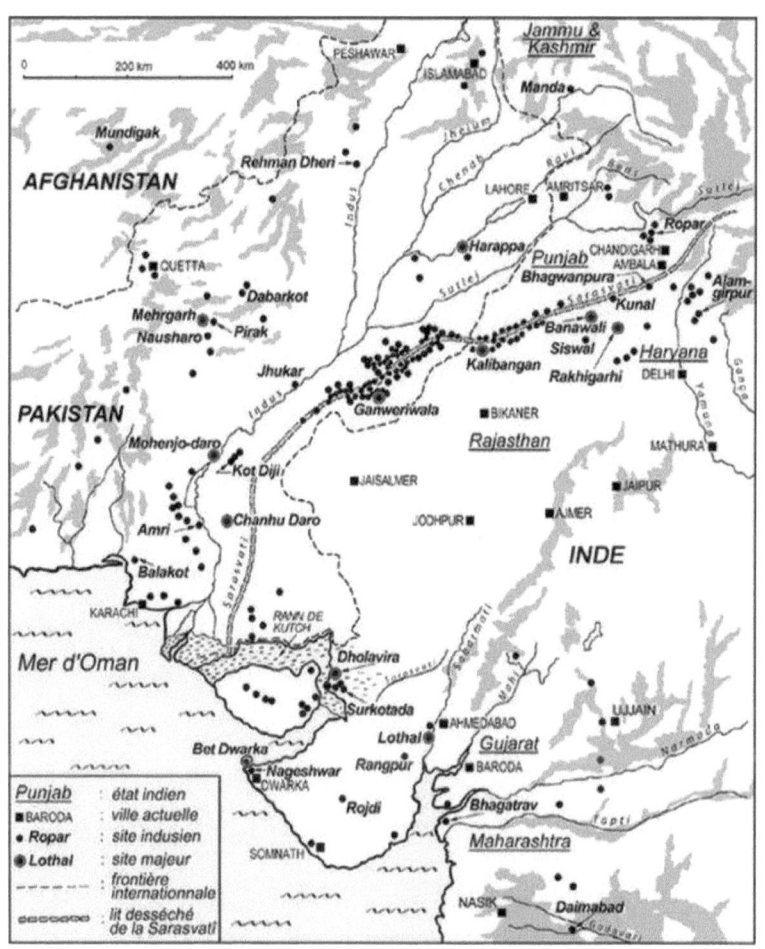

Carte Michel Danino : L'inde ou l'Invasion de nulle part.
Les Belles Lettres. 2006

Du même auteur :

Le Rig Veda, traduction complète en français.

Site web : https://rigvedafr.com/

La Civilisation des 7 Rivières

Sapta Sindhu : la civilisation sans ego

Hervé Le Bévillon

AVANT-PROPOS

En Janvier 2018, j'ai commencé la traduction du Rig Veda. J'en avais entendu parler et j'avais lu plusieurs livres à son sujet, notamment " Le secret du Veda " de Sri Aurobindo.

Par hasard, un soir, quelque temps auparavant, en zappant sur mon poste de télévision, j'étais tombé sur un documentaire sur Arte[1]. Il présentait, très succinctement, la civilisation dite de l'Indus qui m'avait bouleversé.

Ce documentaire m'a ramené quarante-cinq ans plus tôt, quand je suis allé en Inde, comme des milliers de jeunes occidentaux. J'y étais allé après cinq ans de route en auto-stop à travers le monde, sans un centime, dont trois ans en Afrique.

Mon but, en arrivant en Inde, n'était pas de trouver un guru ni de chercher une libération spirituelle quelconque, c'était déjà fait.
En 1970, alors que j'étais sur la route depuis plus de deux ans, j'ai eu cette expérience spirituelle que l'on ne peut ni décrire, ni nommer correctement.
J'allais donc en Inde pour y vivre la vie de sâdhu, de renonçant. C'est ce que j'ai fait pendant presque un an. J'ai vécu, avec eux, la vie de naga-baba, une catégorie de sâdhus qui vont presque nus, couverts de cendres, de temple en temple[2], en ne possédant que ce qu'ils peuvent porter. Je n'ai jamais parlé du Veda avec eux, mais la vie que j'ai menée m'a fait comprendre beaucoup de choses.

Je ne suis pas un intellectuel. J'ai détesté l'école et j'ai arrêté les études en seconde. J'ai passé un CAP de projectionniste et j'ai travaillé dans un cinéma, en Bretagne, pendant six mois, plus deux autres dans un studio de post-synchronisation à Paris, avant de partir sur la route en 1967 avec ma dernière paie.

---

1 Chaîne de télévision franco-allemande.
2 Ou de dhuni en dhuni.

Je n'ai donc pas suivi le cursus classique des amateurs de sanskrit ou de civilisations anciennes. Bien entendu, mes lectures m'avaient fait découvrir leur point de vue et leur interprétation au premier degré du Rig Veda.

Il n'existe toujours pas de livre en français sur ladite civilisation de l'Indus. Les rares articles de journaux qui en parlent donnent des informations qui datent du milieu du 20 ème siècle.

Je n'arrivais pas à comprendre réellement pourquoi les archéologues et les spécialistes occidentaux des civilisations anciennes ne voulaient surtout pas entendre parler du Rig Veda qui conte des évènements se passant au même endroit et pour certains d'entre eux, à la même époque.

Les arguments avancés étaient : " C'est de la religion, on n'y comprend rien ", " Le Rig Veda date de 1500 BCE, avec l'arrivée des Aryens, donc de plus tard ", Et quand, à l'occasion de mes discussions avec ceux qui soutiennent cette vision de choses et que je leur demandais des références, sur quoi se basaient-ils pour étayer cette affirmation, ils me répondaient : " c'est un consensus scientifique " ou " ça a déjà été largement démontré ". J'ai même eu droit à des injures.
Alors, j'ai donc décidé, de le traduire, en français et en anglais, pour voir ce qu'il en était vraiment.

Une fois ma traduction terminée et publiée, j'ai réalisé que mon introduction était un peu trop courte pour expliquer le contexte dans lequel ces hymnes avaient été composés. Voici donc le résultat de l'analyse que j'en ai fait en décryptant ses métaphores et en tenant compte des découvertes archéologiques trouvées dans les livres en anglais, puisqu'il n'y a rien de disponible en français, et des heures de conférences sur le web, encore en anglais, sur ce sujet.

***

Comme toutes les civilisations, elle comprend deux aspects que nous allons voir l'un après l'autre le matériel et le spirituel.

Le matériel : n'étant pas archéologue, j'ai simplement résumé ce que j'ai découvert dans mes nombreuses lectures, notamment celles de J.M. Kenoyer, BB Lal, Michel Danino... et les nombreuses vidéos trouvées sur le web. J'ai illustré cette partie par des photos libres de droits, que j'ai transformées en noir et blanc.

Si vous en avez les moyens, je vous conseille l'excellent livre de Johna-than Marc Kenoyer " The ancient cities of the Indus Valley civilization " Oxford University Press Pakistan. C'est lui qui a fouillé le plus Mohenjo Daro. Ce livre est magnifiquement documenté, avec de superbes photos.

Le spirituel : là, c'est plus simple. Après avoir appris le sanskrit, sans in-tention de le parler correctement un jour[1], mais simplement pour traduire, j'ai consacré tout mon temps à cette traduction. La lecture du livre de Sri Aurobindo : " Le secret du veda " m'a fortement aidé pour décrypter les métaphores.

Bien entendu, je peux me tromper dans l'interprétation du Rig Veda et sa connexion avec la civilisation dite de l'Indus. Honnêtement, je me suis posé la question plus d'une fois.

J'ai tout vérifié, tout contrôlé. Évidemment, il reste des points à éclaircir, aussi bien dans le texte du Rig Veda que dans l'adéquation entre les ruines et le vieux texte. Mais je suis quand même foncièrement persuadé que le Rig Veda était bien LE livre, oral bien sûr, de cette civilisation située entre le Gange et l'Indus et qui s'est terminée il y a presque 4000 ans.

Pour vous tenir informés, allez sur mon site web :
https://rigvedafr.com/

---

1 À l'impossible, nul n'est tenu. Le sanskrit, surtout le védique, est très difficile à prononcer correctement.

Le matériel

Je vous propose d'étudier ce que j'appelle la Civilisation des 7 Rivières. Vous en avez certainement entendu parler sous d'autres noms tels que la Civilisation de l'Indus, Civilisation Harappéenne, Civilisation de l'Indus-Sarasvatî, ou encore simplement Civilisation de la Sarasvatî.

Cette civilisation était située en Inde du Nord-Ouest, couvrant l'actuel Pakistan, allant du Gange à l'Indus, et du nord de l'Afghanistan au sud du Gujarat.

Je l'appelle de cette façon pour me démarquer des récupérations politiques de tous les bords, et pour apporter un peu de sérénité pour comprendre cette magnifique civilisation presque totalement inconnue en France.

La Civilisation des 7 Rivières, dans sa phase urbaine, a vu le jour il y a environ 5500 ans, à peu près en même temps que l'Égypte et la Mésopotamie. Parallèlement, d'autres petites civilisations fleurissaient dans une région s'étendant du nord de l'Afghanistan, au Turkménistan, et à l'Iran : la Civilisation des Oasis, dans le désert de Karakoum, et la Civilisation de l'Oxus en Afghanistan et au Tadjikistan. Des cités-états, comme Merhgarh, existaient déjà à cette époque et ont probablement servi de modèle à ces nouvelles civilisations.

Ces petites civilisations étaient les héritières du chamanisme local et se caractérisaient par leur pacifisme. Certaines d'entre elles étaient même dirigées par des femmes, ce qui était loin d'être fréquent pour l'époque.
Ces civilisations excellaient dans l'agriculture, l'élevage et l'artisanat. Elles partageaient une spiritualité commune et pratiquaient des rituels presque semblables.

Bien entendu, ces civilisations commerçaient entre elles et entretenaient des échanges culturels et sociaux poussés. Les civilisations indienne et iranienne, en particulier, avaient les mêmes dieux principaux et parlaient des langues très proches.

Petit à petit, ces civilisations ont évolué et se sont agrandies pour donner naissance à de grandes villes prospères. En l'espace de deux mille ans environ, la Civilisation des 7 Rivières s'est développée pour atteindre une étendue impressionnante, équivalente à plus de deux fois la taille de la France. Elle avait une importance comparable à celle de l'Égypte et de la Mésopotamie réunies. Elle a marqué ainsi l'Histoire par sa planification, sa qualité de vie et son intelligence.

Ainsi, cette étude va nous permettre de plonger dans l'histoire de l'une des civilisations les plus importantes et influentes de l'Antiquité qui laisse les archéologues quasiment muets.

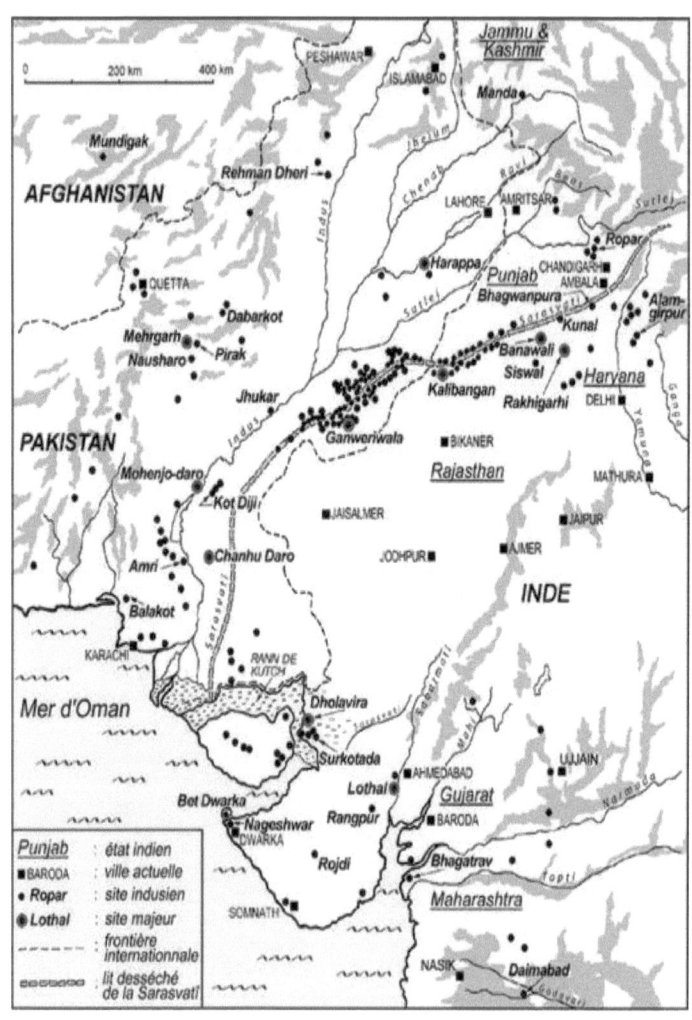

Carte de Michel Danino : " L'Inde ou l'invasion de nulle part ".
Ed. Les belles lettres. 2006

Architecture et Artefacts

Les premières villes de la Civilisation des 7 Rivières ont émergé il y a environ 5500 ans. C'était d'abord une civilisation rurale. Au fil des siècles,
elle est devenue urbaine, vers 3500 avant notre ère (BCE[1]). Elle a connu
plusieurs stades de développement. Vers 2700 avant notre ère, a commencé une période appelée phase Mature. Cette époque a été caractérisée par
une densité de population importante pour l'époque, ainsi qu'une grande
prospérité.

À cette époque, elle faisait partie des trois grandes premières civilisations
les plus développées. Elle s'étendait sur une superficie équivalente à deux
fois celle de la France, soit plus d'un million de kilomètres carrés. Elle
était aussi importante que l'Égypte et la Mésopotamie réunies. C'était la
civilisation la plus peuplée de son temps. Au fil des siècles, alors que de
nombreuses petites civilisations ont disparu, celle des Sept rivières existe
toujours, bien sûr fortement modifiée par le temps et les Hommes. Elle a
laissé une empreinte durable qui a contribué à la formation de l'Inde moderne que nous connaissons aujourd'hui.

Cette région ouest-asiatique était riche en ressources naturelles, ce qui a
favorisé sa croissance économique et sociale. Les échanges commerciaux
avec les autres civilisations de l'époque ont aussi joué un rôle clé dans son
développement. L'agriculture, l'artisanat et l'urbanisme ont permis des
exportations importantes à travers la région.
L'archéologie nous montre des villes bien organisées, planifiées, réflé-
chies avec des infrastructures nouvelles, des systèmes d'égouts pour évacuer les eaux usées et des habitations conçues pour le bien-être de ses habitants. Comme dans les autres civilisations, les villes étaient construites
le long des rivières. C'est de là que vient son nom *Sapta Sindhu*, les sept
rivières en sanskrit.

---

1 Before common era.

Ces avancées technologiques et sociales ont permis à cette civilisation de prospérer pendant environ un millénaire et demi. Grâce à son influence, elle a jeté les bases de nombreuses pratiques et coutumes qui perdurent encore aujourd'hui dans la culture indienne. Par exemple, les poids et mesures sont toujours les mêmes, 4000 ans plus tard, dans la pratique quotidienne et traditionnelle.

Les villes

Harappa, la première ville de cette civilisation, a été découverte en 1910 lors de travaux sur la voie ferrée que les Britanniques construisaient dans l'actuel Pakistan. Les Britanniques avaient besoin de ballast et ils ont remarqué que les habitants locaux allaient se servir en briques dans une colline voisine. Intrigués, ils sont allés voir de plus près et ont découvert une ancienne ville en ruine, ensevelie par le temps.

Dix ans plus tard, John Faithfull Fleet découvre Mohenjo-Daro, un autre site de cette civilisation. L'architecture et les poids et mesures étant les mêmes, il a conclu qu'il s'agissait bien d'une civilisation, et non pas de cités-états indépendantes. Ces deux villes étaient situées sur l'Indus, elle a donc été appelée, Civilisation de l'Indus.
Les fouilles ont commencé à Mohenjo-Daro en 1927 sous la direction de John Marshall. Ces travaux ont été poursuivis par Mortimer Wheeler, qui a imposé une méthode de fouilles efficace connue sous son nom, appelée également : " Fouilles en carré ".

Comme tous ses futurs collègues, il a mis au jour une ville construite en briques cuites, érigée sur une plateforme en briques et entourée de murailles également en briques, sauf au Gujarat où la pierre les remplaçait, notamment à Dholavira et à Lothal.

Au début, les remparts ont été interprétés comme des protections militaires, similaires à celles des autres anciennes civilisations.
Mais, les archéologues ont rapidement conclu que ces murailles étaient en réalité destinées à protéger la ville des crues de l'Indus et des autres rivières avoisinantes qui débordaient en été.

Des millions de briques cuites ont été utilisées

Par exemple, à Mohenjo-Daro, il fallait prendre un bateau pour se déplacer entre la ville basse à la ville haute en été, pendant la mousson quand la plaine était inondée.

Par la suite, d'autres sites importants ont été découverts, notamment Dholavira et Lothal au Gujarat, Rakhi Garhi, Kalibangan, Banawali, Ganweriwala sur la rivière asséchée Ghaggar en Inde, appelée Hakra au Pakistan.

Très vite, l'importance de cette nouvelle civilisation est devenue évidente. Ses principales caractéristiques étaient uniques pour l'époque : on n'y trouvait ni palais, ni temple, ni armée, ni esclavage, ni richesse excessive, ni misère apparente, ni inégalités flagrantes, ni statues, ni monuments comme des pyramides ou des ziggourats, et aucune glorification de l'égo. Pas de statues à la gloire de celui-ci ou celui-là, pas de bas-reliefs décrivant des guerres, des prisonniers qui sont enchaînés ou mis à mort.

L'urbanisation de cette civilisation était intelligente et soigneusement planifiée. Les villes étaient construites de manière ordonnée, avec des avenues orientées nord-sud et des rues orientées est-ouest. Mohenjo Daro est surnommée le "Manhattan de la préhistoire". Elle contrastait avec les villes des autres civilisations où tout convergeait généralement vers un palais royal ou un temple principal.

Harappa fouilles 1925

Cela mettait en évidence une façon de vivre commune et relativement égalitaire sans structures de pouvoir visibles, ce qui est unique pour une civilisation. Les découvertes ont époustouflé les archéologues qui n'avaient jamais connu ça.. Elle est malheureusement encore méconnue du grand public, en général. Il ne s'intéresse pas aux civilisations non-centralisées sans constructions monumentales, jardins suspendus et autres pyramides.

" La civilisation de l'Indus représente un ajustement très parfait de la vie humaine à un environnement spécifique qui ne peut résulter que d'années d'essais patients et d'expériences accumulées. "
Marshall, John. Mohenjo-daro et la civilisation de l'Indus : récit officiel des fouilles archéologiques à Mohenjo-daro effectuées par le gouvernement indien entre les années 1922 et 1927. Arthur Probsthain, 1931.

Les maisons, même celles des habitants les plus modestes, comportaient des aménagements remarquables pour l'époque, comme des toilettes et un système de protection contre l'humidité. Chaque maison possédait une cour intérieure autour de laquelle les pièces étaient organisées. La vie à cette latitude se passe à l'extérieur. C'était donc très pratique.

24

Les maisons, même celles des pauvres, étaient équipées d'une salle d'eau et d'un système d'évacuation des eaux usées, une innovation inconnue ailleurs à cette époque. Contrairement aux autres civilisations même les habitations les plus simples bénéficiaient de ces infrastructures. Les archéologues ont mis au jour des toilettes sèches dans chaque maison. Ils ont aussi trouvé quelques toilettes à chasse d'eau, ce qui n'existait nulle part ailleurs à cette période. Il semble aussi qu'il y ait eu des toilettes publiques à Mohenjo Daro. Tous les archéologues ne sont pas d'accord à ce sujet.

Les maisons des familles riches se distinguaient certes de celles des familles pauvres, mais cette différence tenait principalement à la présence de pièces supplémentaires. Certaines maisons, celles des plus aisés, comportaient même un ou deux étage supplémentaires.
L'aménagement intérieur variait également entre riches et pauvres. La différence se voyait, probablement, à l'équipement intérieur : tapis, meubles, vaisselle...

Ce qui est certain, c'est que toutes les habitations, qu'elles soient modestes ou non, avaient été conçues dans l'intérêt de ses habitants en leur assurant confort et bien-être, quel que soit leur statut social.

La gestion de l'eau dans cette civilisation était une priorité. Les infrastructures mises en place pour assurer l'approvisionnement en eau potable étaient efficaces. Un système de drainage des eaux usées permettait de les évacuer hors des limites de la ville, évitant ainsi toute contamination de l'eau potable.

Les deujx colonnes sont en réalité des puits

Dans des régions comme la Mésopotamie et l'Égypte, où les eaux potables et non-potables étaient plus ou moins mélangées, les habitants devaient boire de la bière, afin d'éviter les maladies liées à une mauvaise qualité de l'eau, telles que la dysenterie et le choléra.

De nombreux puits, certains atteignant une profondeur de 30 mètres, étaient présents à chaque carrefour et même dans certaines maisons. Ces puits étaient tapissés de briques trapézoïdales, ce qui leur assurait une solidité exceptionnelle.

Un puits

Dans les grandes villes, les parties communes se trouvaient dans un endroit que les archéologues du 19 ème siècle ont appelé " la citadelle ".

C'est un mot qu'ils tenaient de leurs études des civilisations grecque ou romaine. C'était une partie de la ville qui était surélevée grâce à de gros remblais et entourée de murailles. Dans la citadelle, il y avait une grande salle commune sans toit où les habitants pouvaient se rassembler pour diverses activités, plus ce que les archéologues ont appelé un grenier communautaire.

À Mohenjo Daro, on trouvait aussi un grand bain. Ce bain, en forme de piscine, était construit pour que les gens puissent y faire des ablutions. Il y avait des petites salles autour du bain et des escaliers pour descendre dans l'eau.

Les parties communes de Monhenjo Daro : le grand bain.

Ce grand bain servait probablement pour des rituels de purification.

Des autels avec un ou plusieurs foyers ont été découverts à Lothal et Kalibangan par B.B. Lal, futur directeur de l'Archéologie Survey of India.

Les premières villes ont émergé aux alentours de 3500 avant notre ère, mais bien avant cette date, de grands villages existaient déjà depuis au moins 6000 avant notre ère. Ces villages étaient les premières formes d'organisation sociale de la région dont on ait la trace.

À Rakhi Garhi, par exemple, avant que la ville ne soit construite, les maisons étaient des trous cylindriques creusés dans le sol, avec un toit posé dessus.

Cette transition des gros villages aux premières villes marque une étape importante dans l'évolution de la société et de l'urbanisation dans la vallée de l'Indus et de la Ghaggar. Les techniques de construction ont évolué, passant de simples structures enterrées à des maisons plus modernes. Voici un exemple d'ingéniosité : dans certaines maisons, les archéologues ont trouvé des boules d'argile truffées de morceaux de charbon de bois. Elles étaient enterrées sous le sol de la maison, pour absorber l'humidité.

L'archéologie n'a trouvé aucune trace de violence dans les sites de la cette civilisation, quel que soit l'endroit et le niveau fouillés. Tous les chercheurs s'accordent à dire qu'elle était totalement pacifique. Il n'y a pas la moindre représentation de guerriers dans les artefacts ou les sculptures de cette époque. De plus, les ossements des cadavres trouvés dans les cimetières ne présentent aucune blessure indiquant des combats ou des violences délibérées. Il n'y a aucune trace d'incendie volontaire dans les vestiges des bâtiments, et aucune pointe de flèche n'a été trouvée plantée dans les murs.

Les fouilles n'ont également révélé aucun objet lié à la guerre, comme des casques ou des boucliers. Des armes, en cuivre, ont bien été trouvées, mais rien n'indique qu'il puisse s'agir d'armes de guerre. Cette absence de preuves de conflits ou de violence suggère que les habitants de cette civilisation vivaient dans une société très pacifique, concentrée sur le commerce, l'agriculture et la vie communautaire plutôt que sur la guerre. Ce pacifisme est une caractéristique remarquable de cette civilisation, surtout lorsqu'on la compare à d'autres cultures de la même époque qui avaient des traditions militaires bien marquées. Les conclusions des archéologues et des chercheurs sur ce point sont unanimes, c'était 'une société harmonieuse, pacifique et stable.

Avec une population estimée à environ cinq millions d'habitants, ce qui était énorme pour l'époque, la Civilisation des 7 Rivières était comparable à celles de l'Égypte et de la Mésopotamie réunies.
La structure des villes de cette ancienne civilisation révèle une organisation sociale et une vie communautaire bien développée. Les villes étaient

généralement divisées en deux ou trois parties distinctes : la ville basse, la ville haute et la citadelle[1].

La ville basse abritait plusieurs quartiers résidentiels et commerciaux, où l'on a trouvé des artefacts nous montrant que la vie était communautaire. Les bijoux et les statuettes découverts suggèrent une forme de communautarisme de la population.

S'agissait-il de communautés culturelles, professionnelles ou linguistiques ? La question reste encore débattue par les historiens et les archéologues. Les preuves archéologiques suggèrent une certaine diversité culturelle et des échanges commerciaux avec d'autres régions, mais la ou les langues parlées par les habitants demeurent des sujets de recherche et de discussion. Dans cette zone géographique, des dizaines de langues différentes sont encore parlées aujourd'hui. Il est probable que c'était la même chose à cette époque.

---

1 Il semble que toutes les villes n'avaient pas de citadelle.

Monhenjo Daro

La Civilisation des 7 Rivières, a atteint son apogée avant de décliner autour de 1900 avant notre ère (BCE), à l'exception notable de la région du Gujarat qui a continué à prospérer pendant encore environ cinq siècles. Plusieurs facteurs ont contribué à la disparition de cette civilisation florissante. Parmi les raisons principales, on note un important dérèglement climatique survenu vers 2200 avant notre ère. Ce dérèglement s'est manifesté par une période de sécheresse qui, selon diverses études, a pu durer de dix ans à un siècle, ce qui est énorme. Cette sécheresse aurait affecté les ressources en eau et l'agriculture ; sans diminuer les récoltes. En effet, aucun signe de baisse des exportations n'a été révélé en Mésopotamie.

De plus, cette région a été frappée par une série de tremblements de terre, ce qui a amplifié les difficultés déjà posées par le climat.

Ces secousses sismiques, très fréquentes dans l'Himalaya, ont eu un effet désastreux sur la Sarasvatî, la principale rivière de la Civilisation des 7 Rivières, qui est connue aujourd'hui sous le nom de Ghaggar en Inde et Hakra au Pakistan.

Bracelets taillés dans des coquillages

Les tremblements de terre ont contribué à l'assèchement de cette rivière, provoquant le départ vers la vallée de l'Indus de la majorité de la population qui ne pouvait plus y vivre. Mais, les villes de la vallée de l'Indus, déjà très peuplées ont vite été débordées. L'évacuation de pratiquement toute la population a donc été décidée, essentiellement vers la vallée du Gange. Elle semble s'être déroulée sans violence, ni destruction.

Contrairement à ce qui est écrit sur la photo, il ne s'agit pas d'une déesse.

31

Les changements climatiques combinés aux catastrophes naturelles ont donc précipité le déclin et la disparition de cette société totalement unique dans toute l'histoire humaine..

" La rivière Ghaggar-Hakra, qui traverse les régions nord-ouest de l'Inde et du Pakistan, est souvent identifiée par certains chercheurs comme étant la rivière mythique Sarasvatî mentionnée dans les textes anciens hindous. Cette identification est basée sur des preuves hydrologiques et archéologiques qui suggèrent que la Ghaggar-Hakra était autrefois une rivière pérenne, correspondant à la description de la Sarasvatî dans les Vedas. "
Oldham, C. F. (1893). "The Sarasvatî and the Lost River of the Indian Desert." The Journal of the Royal Asiatic Society of Great Britain and Ireland, pp. 49-76.

" Des recherches récentes en géoarchéologie et en imagerie satellitaire ont soutenu l'hypothèse selon laquelle la rivière Ghaggar-Hakra pourrait être l'ancienne Sarasvatî. Les analyses montrent des lits de rivières assé-chées et des changements dans les cours d'eau qui correspondent aux descriptions védiques de la Sarasvatî comme une rivière puissante qui s'est graduellement asséchée "
Yash Pal et al. (1980). Remote Sensing of the 'Lost' Sarasvati River. Pro-ceedings of the Indian Academy of Sciences (Earth and Planetary Sciences), 89(3), pp. 317-331.

" La Ghaggar-Hakra est souvent associée à la Sarasvatî en raison de si-militudes géographiques et linguistiques. De nombreux sites de la civili-sation de la vallée de l'Indus sont situés le long de son ancien cours, sug-gérant que cette rivière jouait un rôle central dans la vie des habitants, tout comme la Sarasvatî dans les textes anciens."
Danino, Michel (2010). The Lost River: On the Trail of the Sarasvatî. Penguin Books India.

Objets de la vie quotidienne

Outre les magnifiques et nombreuses poteries qui sont d'une grande maî-trise de fabrication, les archéologues ont découvert des milliers d'artefacts en tous genres. Ils ont trouvé beaucoup de bijoux, en particulier des col-liers faits avec des pierres précieuses comme le lapis-lazuli, ainsi que de l'or, du cuivre, et de la cornaline. Il y avait aussi des bracelets finement taillés dans des coquillages. Ils ont aussi mis à jour de nombreux jouets pour enfants. Ils ont trouvé les ancêtres des jeux d'échecs ainsi que des dés.

L'économie

La Civilisation des 7 Rivières, reposait sur l'agriculture, l'élevage et l'artisanat, comme toutes les premières civilisations de l'Histoire. L'agriculture était une composante vitale de cette société ancienne car elle permettait de nourrir la population, sans cesse croissante, et d'exporter les surplus alimentaires vers la Mésopotamie, la péninsule arabique, Barhein et l'Iran, par la mer, et les petites civilisations au nord du pays.

La Civilisation des 7 Rivières pratiquait également l'élevage, notamment de bovins, de moutons, de chèvres et d'autres petits animaux domestiques.

Parallèlement, l'artisanat occupait une place importante dans la société, avec des artisans spécialisés dans la poterie, la métallurgie et le tissage.

Musée de Harappa

La région concernée, aride aujourd'hui, était verdoyante à l'époque. Beaucoup de soleil et beaucoup d'eau venant de l'Himalaya, garantissait d'abondantes récoltes, d'autant plus qu'ils pratiquaient la culture en quadrillage. C'est-à-dire, qu'une sorte de plante était semée en longueur, et qu'une autre l'était en largeur, en fonction de leur besoin en soleil.

Jusqu'en 2200 BCE, date de la grande sécheresse, ils cultivaient le blé, l'orge, les lentilles, les pois chiches, des légumes en tous genres et des fruits.

Après la grande sécheresse, ils ont développé la culture du mil[1] et du riz. Ils ont compensé le déficit pluviométrique par une bonne irrigation et une grande diversité agricole, pour pouvoir faire face aux importants aléas climatiques.

Canalisation

Rapidement, les échanges commerciaux se sont développés, non seulement auprès des petites civilisations telles que celles du désert de Karakoum et celle de l'Oxus, mais aussi avec la Mésopotamie, Bahreïn et la péninsule arabique.

La Civilisation des 7 Rivières était une société commerçante et pacifique qui exportait beaucoup plus qu'elle n'importait.

Les produits principaux exportés par la Civilisation des 7 Rivières comprenaient :

---

1 L'état indien actuel redéveloppe la culture du mil à cause du changement climatique.

- Produits agricoles : Blé, orge, lentilles, légumes en tous genres.
- Textiles : Les habitants tissaient du coton, qui était probablement exporté sous forme de draps.
- Objets artisanaux : Les produits manufacturés tels que les poteries, les perles, les bijoux en cornaline et autres pierres précieuses.
- Produits métallurgiques : Objets en cuivre et en bronze.
- Produits de la mer : Des produits comme les coquillages, pour en faire de bijoux, notamment des bracelets et les poissons étaient exportés vers les régions intérieures.

La Mésopotamie était un grand marché pour les perles en cornaline et autres objets de luxe de la Civilisation des 7 Rivières. Des tablettes cunéiformes sumériennes mentionnent Meluhha, qui désignait cette civilisation, indiquant des transactions commerciales.
Des preuves archéologiques suggèrent l'existence de colonies de marchands de l'Indus en Mésopotamie.

" *La découverte de sceaux de l'Indus en Mésopotamie et de sceaux de style mésopotamien dans la vallée de l'Indus fournit une preuve irréfutable du commerce à longue distance entre ces deux anciennes civilisations. La présence d'objets de l'Indus dans des villes mésopotamiennes telles qu'Ur et Kish indique un réseau bien établi de commerce et d'échange culturel* ".
Possehl, Gregory L. _Indus Age: The Beginnings_. University of Pennsylvania Press, 1999, p. 245.

" *Des artefacts tels que des perles de cornaline, des objets en ivoire et des types spécifiques de poterie trouvés dans les sites archéologiques mésopotamiens suggèrent fortement qu'il y avait un commerce important entre la vallée de l'Indus et les civilisations mésopotamiennes. Ces objets, souvent trouvés dans les tombes d'élites, impliquent qu'il s'agissait de biens très appréciés et échangés.* "
Kenoyer, Jonathan Mark. Ancient Cities of the Indus Valley Civilization_. Oxford University Press, 1998, p. 187.

" *La présence des poids et mesures de l'Indus dans les sites mésopotamiens, ainsi que les références à Meluhha (supposée être la région de l'Indus) dans les textes mésopotamiens, fournissent la preuve claire d'un système commercial sophistiqué. Ce système a facilité l'échange de biens*

tels que les textiles, le bois et les pierres précieuses, mettant en valeur les
interactions économiques et culturelles entre les deux régions. "
McIntosh, Jane R. *The Ancient Indus Valley: New Perspectives.* ABC-
CLIO, 2008, p. 220.

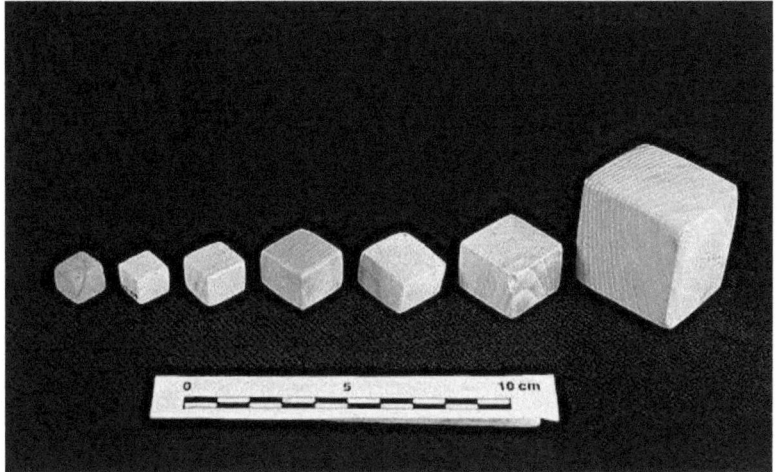

Malgré leurs exportations importantes, les commerçants et artisans impor-
taient également des biens qui n'étaient pas disponibles sur place :
- Métaux précieux : Or et argent, utilisés pour la fabrication de bijoux et
autres objets de luxe.
- Pierres précieuses : Lapis-lazuli et autres pierres précieuses provenant
des régions de l'actuel Afghanistan et au-delà.
- Produits exotiques : Objets en ivoire, certains types de bois et autres matériaux exotiques.

Les exportations se faisaient par terre, en caravanes et par mer. Devant
chaque grande ville, des caravansérails accueillaient des marchands de
toutes parts. Les portes d'entrée des villes étaient larges d'une charrette.
Ce qui signifie qu'un péage était exigé pour entrer dans la ville.
La navigation était le moyen le plus sûr et le plus rapide pour les grands
déplacements.
Les cargaisons étaient accompagnées de sceaux finement gravés de leur
écriture que personne n'a pu déchiffrer, qui pouvaient probablement indiquer le vendeur et ou la cargaison.

Comptoirs en Iran et à Sumer

Les échanges commerciaux de la Civilisation des 7 Rivières s'étendaient jusqu'à l'Iran et en Mésopotamie, et allaient peut-être même plus loin à l'ouest. Certains chercheurs ont parlé de l'Égypte, mais les preuves solides manquent.

1 - Comptoirs en Iran

Les relations commerciales avec l'Iran (Elam et autres régions) étaient bien établies. Les comptoirs commerciaux dans cette région servaient de points de transit pour les marchandises en route vers la Mésopotamie et d'autres régions de l'ouest. Ces comptoirs facilitaient :
- Le stockage et la distribution des marchandises : Les produits y étaient entreposés avant d'être expédiés plus à l'ouest.
- Les échanges locaux : Les comptoirs servaient aussi de points d'échange avec les populations locales, permettant des transactions directes.

2 - Comptoirs à Sumer

Les relations commerciales entre la Civilisation des 7 Rivières et Sumer étaient particulièrement importantes, comme le montrent les découvertes archéologiques de sceaux en Mésopotamie.

Les ports

Tous les fleuves se jettent dans la mer ou l'océan. La Sarasvatî et l'Indus n'y font pas exception. Il devait y avoir des ports, aussi bien pour l'Indus que pour la Sarasvatî.

L'archéologie sous-marine a découvert à Bet-Dwarka au Gudjarat, sous la mer, un mur qui pourrait bien être le reste d'un quai. Malheureusement, il n'a pas vraiment été étudié. Nous en saurons plus dans quelques années.

Par contre, à Lothal, toujours au Gudjarat, les restes de ce que les archéologues ont appelé un port sont toujours bien visibles.

Mais, il y a un doute, car ce port ou quai de chargement, est tout sauf pratique. Même abrité par une jetée menant à un phare, un port donne toujours sur la mer. Il ne sont jamais au milieu des terres.

D'après les marins bretons à qui j'ai posé la question, ce serait plutôt une " pêcherie ", c'est-à-dire un piège à poissons. Ce piège à poissons est l'idéal pour les stocker : ils restent vivants, à portée de la main et sont faciles à attraper.

Une autre explication m'a été donnée, toujours par des marins bretons : ce serait plutôt un chantier naval. Cette explication est plus crédible encore que la pêcherie.

Le port de Lothal actuellement

Voici, ci-dessous, une reconstitution du *port* de Lothal en pleine activité. Et l'hypothèse d'un chantier naval ne semble pas du tout absurde, mais au contraire, très crédible.

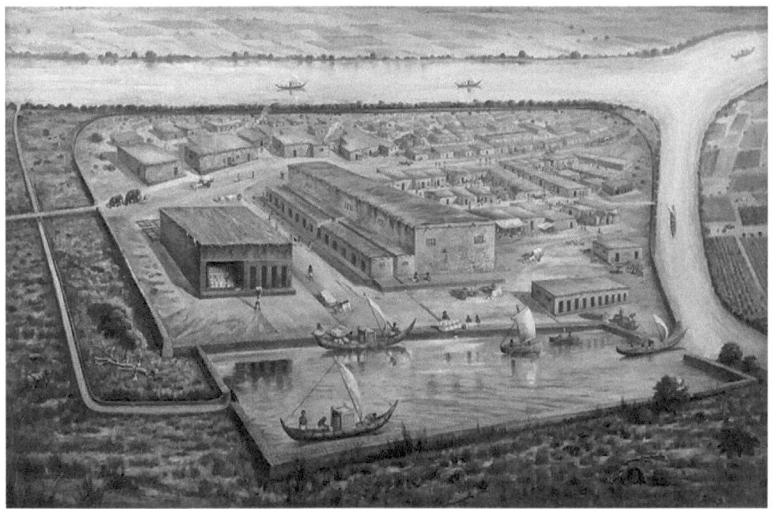

Le côté pratique du port, ne saute pas aux yeux des marins bretons.

L'écriture mystérieuse

Les sceaux en stéatite, découverts dans diverses régions y compris à l'étranger comme au Bahreïn et en Mésopotamie, révèlent l'existence de liens commerciaux et économiques étroits entre la Civilisation des 7 Rivières et d'autres cultures de l'époque. Ces sceaux, fabriqués en stéatite, une roche tendre facile à sculpter, étaient souvent ornés de dessins d'une grande finesse.

Unicorne, animal composé de trois animaux : taureau pour le corps, cheval pour la tête et antilope pour la corne.

41

Les inscriptions présentes sur ces sceaux en stéatite demeurent jusqu'à aujourd'hui indéchiffrée, ce n'est pas faute d'avoir cherché.

Ces milliers de sceaux découverts dans diverses régions nous montre l'importance des échanges commerciaux et culturels entre la Civilisation des 7 Rivières et ses voisines.

De nombreuses interprétations de cette écriture ont été formulées. En voici quelques-unes :

- Celle de Rekha Rao : Elle a proposé que l'écriture de l'Indus pourrait être un système de notation utilisé principalement à des fins religieuses. Les sceaux, portés autour du cou, auraient pu être des aide-mémoire pour les apprentis prêtres. Elle suggère aussi que de nombreux symboles de l'écriture de l'Indus pourraient représenter des plantes et des arbres, et qu'ils étaient utilisés dans le contexte des sacrifices védiques[1].

- Celle d'Asko Parpola qui est un éminent spécialiste de l'écriture des 7 Rivières. Il a conclu que l'écriture pourrait être une forme précoce de la langue dravidienne. Il a l'comparée avec les langues dravidiennes modernes et anciennes et a proposé que l'écriture pourrait représenter des noms de lieux, de personnes, et des titres religieux[2].

Celle de Iravatham Mahadevan qui a aussi soutenu l'hypothèse dravidienne et a estimé que l'écriture des 7 Rivières serait une proto-écriture dravidienne. Il a utilisé des données de l'écriture brahmi – l'alphabet qui a précédé le devanagarî - et des langues dravidiennes pour suggérer des valeurs phonétiques pour certains symboles[3].

---

1 Rao, Rekha. "The Symbolism on the Indus Seals." (2009).
2 Parpola, Asko. "Deciphering the Indus Script." Cambridge University Press, 1994.
3 Mahadevan, Iravatham. "The Dravidian Proof of the Indus Script via the Brahmi Writing." Harvard Oriental Series, 1970.

Celle de S. R. Rao qui a proposé que l'écriture des 7 Rivières était alpha-syllabique et pourrait être lue de droite à gauche. Il a essayé de rapprocher certains symboles avec les lettres de l'alphabet brahmi, suggérant une continuité entre les deux systèmes d'écriture[1].

Celle de Walter Fairservis qui a proposé que l'écriture des 7 Rivières pourrait être une forme de proto-écriture logographique, dans laquelle chaque symbole représentait un mot ou une idée. Il a tenté de déchiffrer les symboles en fonction de leurs contextes archéologiques et culturels[2].

Plusieurs types de supports pour cette écriture existaient dont des représentations de yogis en posture de Baddha konasana. Cette posture est particulièrement difficile à tenir. Il faut être un yogi confirmé pour pouvoir le faire.

D'autres personnages sont représentés dont le fameux Pashupati. Le maître des animaux.

Selon les chercheurs indiens, il représenterait le dieu Shiva.

1 Rao, S. R. "Lothal and the Indus Civilization." Asia Publishing House, 1973
2 Fairservis, Walter A. "The Harappan Civilization and Its Writing: A Model for the Deciperment of the Indus Script." Oxford & IBH Publishing, 1992.

Armes

Malgré l'absence totale de preuves indiquant l'existence d'une armée, des armes ont été découvertes sur le site. Parmi celles-ci, on trouve des pointes de flèches, des lances, des haches et des couteaux, la majorité étant fabriquée en cuivre.

Bien que les lames en cuivre soient esthétiquement agréables, elles sont loin d'être efficaces en tant qu'armes de guerre. En comparaison, une hache de guerre en pierre serait bien plus utile et résistante que son équivalent en cuivre.

La présence de ces armes en cuivre pourrait indiquer que leur fabrication remonte à une période antérieure à l'âge du bronze.

Cette période est souvent associée à une phase non-urbaine, où les sociétés étaient encore essentiellement rurales. Les armes retrouvées de cette époque semblent plus être des armes d'apparat que des armes de guerre.

Elles, notamment les flèches, pouvaient aussi servir à la chasse. Des os d'animaux sauvages ont été trouvés lors des fouilles de plusieurs sites. Les habitants n'étaient pas végétariens.

Organisation sociale et politique :

De toute évidence, l'absence de structures telles que des palais ou des temples, ainsi que l'absence d'armée et d'esclavage, suggère que cette civilisation fonctionnait selon des principes différents de ceux des autres grandes civilisations de l'époque, et même de nos sociétés contemporaines. Il n'y avait aucune glorification de l'ego individuel ni de misère apparente. Cela indique que le fonctionnement de cette société n'était ni centralisé ni vertical.

Cette civilisation avait opté pour une organisation sociale décentralisée et horizontale, reposant probablement sur des décisions collectives et une répartition relativement égale des responsabilités et des ressources. Au lieu d'avoir une autorité centrale ou des classes sociales rigides, chacun pouvait jouer un rôle au sein de la communauté.

Ces caractéristiques la distinguent nettement des sociétés modernes, souvent marquées par des structures hiérarchiques rigides, des centres de pouvoir centralisés et des inégalités socio-économiques prononcées. En se basant sur les indices disponibles, il est tout à fait possible de voir cette civilisation ancienne comme un modèle alternatif où l'autorité était diffuse et partagée.

Cette organisation non autoritaire et relativement égalitaire permet des réflexions sur les potentialités de sociétés opérant sans la domination et les hiérarchies qui caractérisent fréquemment nos systèmes actuels.

" *Les preuves archéologiques suggèrent que la civilisation de l'Indus était caractérisée par une structure sociale relativement égalitaire, sans preuve claire d'un État centralisé ou d'une élite dirigeante, mais qu'elle n'était pas non plus gouvernée par un système hiérarchique rigide.* "

Kenoyer, Jonathan Mark. *Ancient Cities of the Indus Valley Civilization.*
Oxford University Press, 1998.

" L'absence de palais, de grands temples ou de grands tombeaux dans la vallée de l'Indus suggère que le pouvoir et la richesse n'étaient pas concentrés entre les mains de quelques-uns. Au lieu de cela, la gouvernance a peut-être été assurée par des conseils ou des assemblées locales, ce qui témoigne d'une structure sociétale décentralisée mais coopérative. "
Possehl, Gregory L. "The Indus Civilization: A Contemporary
Perspective." Rowman Altamira, 2002

" La civilisation de l'Indus semble avoir fonctionné à travers une série de centres urbains autonomes et interconnectés plutôt qu'à travers un État unique et centralisé. Ce système décentralisé a facilité la coopération et le soutien mutuel entre les différentes cités-États. "
Wright, Rita P. "The Ancient Indus: Urbanism, Economy, and Society."
Cambridge University Press, 2010.

Le fonctionnement de la Civilisation des 7 Rivières était basé sur des principes communautaires et consensuels, privilégiant la coopération et la participation de l'ensemble de la société. Contrairement à des modèles autoritaires et brutaux, cette société semble avoir favorisé la prise de décisions collective et la gestion des affaires de manière concertée.

Ce fonctionnement suggère que les dirigeants de la Civilisation des 7 Rivières ne se caractérisaient pas par un ego surdimensionné ou par un exercice autoritaire du pouvoir. Au contraire, l'absence d'ego démesuré chez les responsables de la société indienne ancienne aurait favorisé un climat de dialogue et de consensus au sein de la communauté.

Cette forme de gouvernance laisse entrevoir une certaine forme de démocratie dans la Civilisation des 7 Rivières. La prise de décisions participative et la valorisation du groupe sur l'individu semblent avoir été des caractéristiques fondamentales de cette société ancienne. C'était une organisation sociale totalement différente de toutes celles que nous connaissons. L'absence d'ego des dirigeants en était très probablement la raison. Voici ce qu'en pensent quelques célèbres personnages :

" L'ego perturbe souvent nos relations et crée des conflits car il nous pousse à donner la priorité à nos propres besoins et désirs avant ceux des autres, conduisant à un manque d'empathie et de compréhension. "
Dalaï Lama. The Art of Happiness: A Handbook for Living. Riverhead Books, 1998.

" Dès l'instant où l'ego surgit, il apporte un sentiment de séparation, un sentiment de " moi " contre " l'autre ". Cette fragmentation conduit à des conflits, à des discordes et à des souffrances dans la société. "
Tolle, Eckhart. "A New Earth: Awakening to Your Life's Purpose." Penguin Group, 2005.

" L'ego crée la division et nous empêche de voir notre interconnexion avec les autres. Lorsque l'ego domine, il alimente les malentendus, les préjugés et la discorde sociale."
Thich Nhat Hanh. "The Art of Living: Peace and Freedom in the Here and Now." HarperOne, 2017.

Les sociétés urbaines de notre époque sont dirigées par des individus présentant un ego démesuré et exerçant un pouvoir autoritaire. Les dictatures, où le pouvoir est concentré entre les mains d'un seul individu ou d'un petit groupe, illustrent parfaitement cette réalité. De même, dans certains régimes se prétendant démocratiques, les élections libres sont influencées par une classe dirigeante qui n'a pas du tout envie de perdre son pouvoir. Cela conduit à des inégalités et des manipulations de l'opinion publique, notamment par ses médias qui relaient de nombreux mensonges.

Dans ce contexte, la prépondérance de l'ego et des intérêts personnels au sein des élites politiques compromettent le bon fonctionnement des institutions démocratiques et la représentativité des gouvernements. Les décisions prises sont motivées par des ambitions personnelles plutôt que par l'intérêt général, ce qui entraîne des dérives et des injustices.

Il est donc essentiel de promouvoir une gouvernance transparente, basée sur la responsabilité, l'équité et la participation citoyenne, pour garantir un fonctionnement démocratique. L'équilibre entre les intérêts individuels et collectifs est essentiel pour assurer une gouvernance juste et équilibrée, répondant aux besoins et aux aspirations de l'ensemble de la société.

Sépultures

Les pratiques funéraires au sein de la Civilisation des 7 Rivières étaient à la fois l'inhumation et la crémation selon les coutumes funéraires des différentes communautés de l'époque.

L'inhumation était la pratique la plus courante. Les morts étaient enterrés avec quelques objets personnels ou offrandes. Néanmoins, la crémation se pratiquait aussi, selon les communautés, et la région concernée.

" La majorité des sépultures harappéennes sont du type allongé, où le corps est disposé sur toute la longueur. Les preuves de la crémation comme méthode d'élimination des cadavres sont rares mais existent ".
Kenoyer, Jonathan Mark. "Ancient Cities of the Indus Valley Civilization." Oxford University Press, 1998.

" Le principal mode de sépulture des morts était l'enterrement, bien que différentes méthodes telles que les enterrements allongés, fractionnés et en urne funéraire aient été pratiquées "
Wheeler, Mortimer. "The Indus Civilization." Cambridge University Press, 1968.

Les découvertes archéologiques ont révélé un aspect de la société tout à fait contraire à ce qui se faisait dans les deux autres grandes civilisations : l'absence de tombes luxueuses et ostentatoires débordant de trésors. Au contraire, les tombes mises au jour sont simples et sans excès de richesse.

Contrairement aux deux autres civilisations, l'Égypte et la Mésopotamie où les tombes royales ou nobles étaient remplies de riches offrandes et trésors, les sépultures de la Civilisation des 7 Rivières ont été découvertes sans mobilier funéraire. Certains bijoux et objets personnels ont été retrouvés, mais sans l'opulence et le faste associés aux deux autres grandes civilisations de l'époque.
Cette simplicité des sépultures reflète peut-être une forme d'égalité sociale au sein de cette société, où les inégalités de richesse et de statut n'étaient pas aussi marquées que dans d'autres civilisations.

Vêtements et parures

Les statuettes nous montrent que les hommes et les femmes allaient poitrine nue, comme les Africaines subsahariennes il y a quelques décennies, sans que cela dérange qui que ce soit.

Ils portaient de nombreux colliers et bracelets, hommes et femmes. Ces bijoux étaient souvent colorés et faits de matériaux naturels(Lapis Lazuli, cornaline, or etc.).

En plus des bijoux, les coiffures étaient aussi très importantes. Elles étaient très élaborées et distinguaient probablement les différentes communautés régionales, linguistiques ou autres. Chaque groupe avait son propre style.

L'une des caractéristiques les plus remarquables des figurines en terre cuite de la civilisation de l'Indus est la variété et les détails des vêtements représentés. Les femmes portent souvent des jupes longues et plissées, tandis que les hommes sont représentés avec des pagnes ou des dhotis ".
Possehl, Gregory L. The Indus Civilization: A Contemporary Perspective, AltaMira Press, 2002.

" *Les coiffures des figurines féminines de la civilisation de l'Indus ré-vèlent une grande variété de styles, y compris des chignons élaborés et des tresses. Certaines figurines portent même des bijoux capillaires, comme des bandeaux ou des épingles à cheveux* ".
Kenoyer, Jonathan Mark. Ancient Cities of the Indus Valley Civilization, Oxford University Press, 1998.

" *Les figurines masculines de l'Indus sont souvent représentées avec des ornements tels que des colliers et des bracelets, suggérant que les parures personnelles étaient importantes pour les habitants de cette civilisa-tion.* "
Wheeler, Mortimer. Civilization of the Indus Valley and Beyond, Thames & Hudson, 1966.

Parmi les statuettes trouvées, une seule est relativement grande[1]. Elle représente une danseuse nue, portant des bracelets sur le haut de son bras gauche. (voir photo ci-dessous).

---
1 14 cm.

Instruments de musique

Dans les ruines des anciennes cités, on a trouvé plusieurs instruments de musique. Parmi les découvertes, il y avait une flûte avec sept trous. Elle permet de créer des mélodies plus harmonieuses qu'une flûte à six trous.. Ils avaient aussi un instrument à neuf cordes qui ressemble à une harpe moderne. On a aussi trouvé des sortes de timbales métalliques.

D'autres instruments à cordes ont aussi été découverts. Certains d'entre aux étaient frottés, comme pour les Sarods, ou pincés, comme pour les Sitars.

Jeux et loisirs

Les enfants jouaient avec divers types de jouets : des figurines d'animaux, des ustensiles pour imiter les tâches quotidiennes des adultes. Les charettes étaient également courantes. Elles étaient équipées de roues qui tournaient.

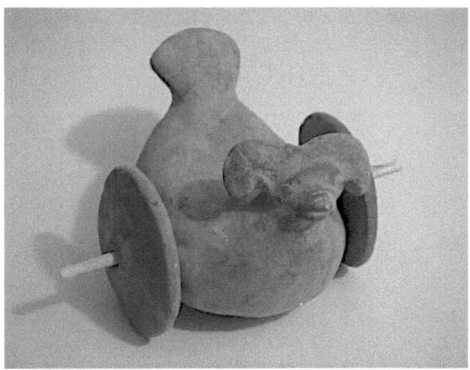

Parmi les figurines animales, le taureau était le plus répandu. Il était souvent utilisé dans les sceaux de la vallée de l'Indus et dans de nombreux artefacts. Le taureau symbolisait la force et la fertilité. Nous y reviendrons plus loin.

Les figurines d'animaux, les ensembles d'ustensiles, les jeux de réflexion et les charrettes étaient des jouets qu'on trouvait dans presque toutes les maisons.

Poids et mesures

De Dholavira, au Gudjarat, à Shortugaï au Nord de l'Afghanistan, du Gange à l'Indus les poids et mesures étaient les mêmes :

Les poids : ils étaient généralement en pierre et de forme cubique, et le plus petit était l'équivalent d'un grain de sésame.

Les unités de langueurs : Elles étaient transmises grâce à des règles gravées en ivoire ou en os, divisées en unités égales. Les divisions étaient de 33,5 mm, soit 1,32 pouce.

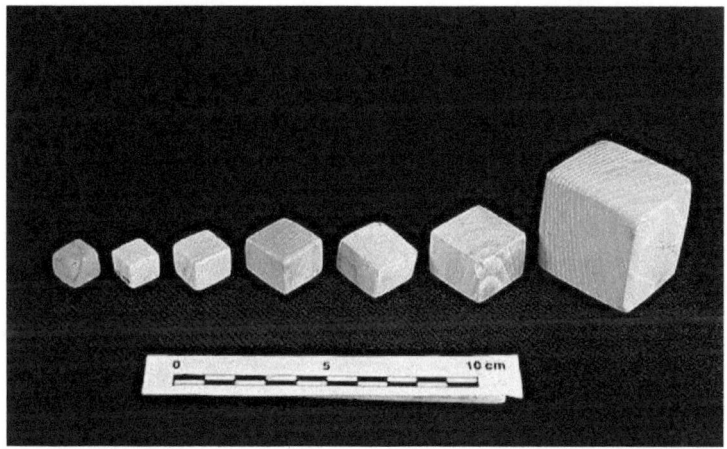

Historique

Les archéologues ont classé les différentes périodes de la civilisation comme suit, en utilisant le terme harappéen :

1- Pré-Harappéen – de 7000 à 5500 BCE: Cette période est bien représentée par la cité-état de Mehrgarh, qui connaissait et maîtrisait l'agriculture, l'élevage, et l'artisanat. Mehrgarh exportait du cuivre il y a environ 6000 ans.

2 - Harappéen précoce – de 5500 à 2800 BCE: Les sceaux trouvés en Égypte, à Barhein, en Mésopotamie montrent que le commerce international était déjà bien établi. Un port important, peut-être celui de la Sarasvatî, devait se trouver à Bet-Dwarka, au Gudjarat.

3 - Harappéen mature - de 2800 à 1900 BCE : Les villes qui existaient déjà, se transforment à partir de cette date et adoptent de nouvelles mesures pour les briques : 1x2x4, au lieu de 1x2x3. De nouvelles villes font leur apparition. En fin de civilisation, il y avait environ 1000 villes, réparties sur tout le territoire.

4 - Harappéen tardif - de 1900 à 1500 BCE: Déclin de la civilisation consécutif à un dérèglement climatique, dont la fameuse sécheresse de 2200 BCE, et à l'assèchement de la Sarasvatî qui a dû lui porter un coup de grâce.

La population vivant sur ses rives, la majorité, s'est déplacée sur les rives de l'Indus, ce qui a provoqué une surpopulation incompatible avec le dérèglement climatique. Il est possible aussi, que des troubles survenus en Mésopotamie, leur plus grand partenaire économique, ait affaibli le commerce extérieur. Mais, il n'a été trouvé aucune trace de dégradation volontaire, caractérisant une fin violente.

5 - Post-Harappéen - de 1500 à 600 BCE : Les villes sont abandonnées, et les gens se sont déplacés vers le sud et la plaine du Gange, pour la plus majeure partie d'entre eux, mais aussi vers l'Iran et donc vers l'Anatolie et au Nord, pour ceux qui vivaient en Afghanistan, vers ce qui est aujourd'hui le Tadjikistan et l'Ouzbékistan.

Le spirituel

Il n'y a pas de civilisation qui puisse fonctionner sans une forme de spiritualité quelconque. C'est le ciment de la société. Sans elle, les préoccupations ne sont plus que matérielles et mercantiles, et sa fin est inévitable. Nous avons vu que la Civilisation des 7 Rivières n'avait pas de temple. Pour autant, est-ce dire qu'elle n'avait pas de spiritualité ?

***

Au même moment, entre environ 4000 BCE et 1900 BCE, et au même endroit, entre le Gange et l'Indus, d'autres évènements d'une importance considérable se déroulaient : les évènements qui sont contés dans le Rig Veda.

Ce monument de la littérature est totalement ignoré des archéologues, et autres chercheurs occidentaux travaillant sur la Civilisation des 7 Rivières. Et pourtant, ses métaphores nous apportent beaucoup de renseignements.

Il y a plusieurs raisons à ce refus de l'étudier :

1- La croyance en une invasion ou migration Aryenne, qui aurait eu lieu en 1500 BCE. Un peuple d'origine indéterminée, mais blanc, serait arrivé sur les rives de la Sarasvatî et aurait apporté le sanskrit, les dieux et la religion aux Indiens sauvages. Selon eux, cette invasion-migration serait décrite dans le Rig Veda.
Cette théorie est celle de Max Müller, l'un des premiers traducteurs du Rig Veda.

" Les hymnes védiques constituent la toile de fond de l'invasion aryenne en Inde, un mouvement qui s'est produit vers 1500 avant JC. Les conquérants aryens ont apporté avec eux leur langue et leur structure sociale qui ont ensuite évolué vers le système que nous connaissons aujourd'hui sous le nom de système de castes. "

57

Max Müller, History of Ancient Sanskrit Literature, London, 1860

Il a été suivi par tous les autres indianistes occidentaux de cette époque et encore maintenant par la plupart d'entre eux.

" Les Aryens, un peuple nomade, ont fait irruption dans le sous-continent indien vers 1500 avant JC, surpassant la civilisation indigène Harappéenne et inaugurant une période de transition culturelle et linguistique importante. "
R.E.M. Wheeler, The Indus Civilization, Cambridge University Press, 1953

" Le Rigveda reflète un événement migratoire, mené par les tribus aryennes, qui sont entrées dans la péninsule indienne vers 1500 avant JC, un événement qui a remodelé tout le cadre culturel et social de la région. "
Hermann Oldenberg, Die Religion des Veda, Berlin, 1894.

2 – L'insupportable remise en cause d'une supposition, devenue un fait, au début du 19 ème siècle : la date de cette invasion-migration. Elle avait été fixée, au tout début de sa traduction, par Max Müller à 1200 BCE, mais il l'a vieillie de trois siècles, on ne sait pas vraiment pour quelle raison[1], à 1500 BCE. L'impressionnante littérature indienne doit y être pour quelque chose.
Cette date, adoptée à l'unanimité par les " savants " occidentaux est devenue la base d'un certain nombre d'études dans les domaines scientifiques allant de la linguistique à l'anthropologie et même la génétique.

" La théorie d'une migration aryenne vers le sous-continent indien vers 1500 avant notre ère est étayée par des preuves linguistiques, archéologiques et textuelles. Bien qu'il y ait des débats sur la nature et l'étendue de cette migration, la date elle-même reste largement acceptée parmi les chercheurs. "
Thapar, R. Early India: From the Origins to AD 1300, University of California Press, 2002.

" L'afflux de locuteurs indo-aryens dans le sous-continent indien vers 1500 avant notre ère est un fait bien établi basé sur la linguistique com-

---

1 N'oublions pas que la croyance générale chrétienne fixait la création de la Terre à 4000 ans BCE.

parée et les découvertes archéologiques corrélées. Cette période marque une transformation culturelle et linguistique importante dans la région. "
Witzel, M. The Origins of the World's Mythologies, Oxford University Press, 2012.

" L'arrivée des Aryens en Asie du Sud vers 1500 avant notre ère est la pierre angulaire de notre compréhension de l'histoire ancienne de la région. Cette date est corroborée par une convergence de preuves provenant de divers domaines d'étude, notamment l'analyse textuelle du Rigveda et la culture matérielle. "
Parpola, A. Les racines de l'hindouisme : les premiers Aryens et la civilisation de l'Indus, Oxford University Press, 2015.

Contrairement à ce qui est annoncé dans ces citations, il n'y a aucune trace archéologique de cette migration. Et ce n'est pas faute d'avoir cherché. Mais, laissons là ces certitudes pour l'instant, et regardons de plus près la spiritualité qui est plus ou moins cachée derrière ces métaphores guerrières.

Les principaux dieux sont souvent appelés taureaux

La spiritualité

Comme chacun le sait, le Rig Veda est la base de toute la spiritualité indienne, que ce soit pour l'Hindouisme, le Bouddhisme ou le Jaïnisme. Et cette raison apparaît à travers les métaphores, qu'il convient de décrypter.

Mais avant, tentons de mettre au clair certains concepts.

Toute la vie de cette civilisation tournait autour des sacrifices. Le sacrifice type[1], l'Agnistoma, – l'éloge du feu, de la Lumière, de l'Illumination – avait lieu tous les ans au printemps, au minimum. Tous les Maîtres de Maison, c'est-à-dire toutes les familles riches, qui ont donc du pouvoir, et par conséquent, tous les responsables de la société y participaient. Ils devaient boire le soma au moins une fois par an, lors des pleines lunes du printemps.

Le sacrifice :

Dans les religions monothéistes, il est obligatoire d'avoir la foi, de croire en un dieu, sinon, vous n'êtes pas vraiment humains, et vous rôtirez en enfer pour l'éternité.

Le dieu monothéiste a un esprit de type humain, avec ses qualités et ses défauts. Parmi ceux-ci, nous trouvons, la jalousie, la méchanceté, l'autoritarisme et même la cruauté.

Pour pour éviter ça, les fidèles doivent obéir à ses lois, sinon ils vont rôtir en l'enfer. Ces lois ont été apportées par des prédicateurs, comme nous pouvons encore en trouver sur n'importe quel marché des pays d'Afrique du Nord, ou du Moyen-Orient.
Si nous regardons de plus près comment les choses se sont passées dans la bible, nous pouvons dire que ce n'est pas le prophète lui-même qui dicte

---

1Décliné de différentes façons selon les besoins.

les lois ou les écrit, mais des fidèles de fidèles qui ont connu le prophète…
Ce qui revient à dire que ces lois ont été, purement et simplement écrites
par des hommes. Généralement par les leaders de ces religions.

Ces lois sont, en fait, des lois du même type que nos lois actuelles, datant
bien sûr d'une autre époque, mais c'est le même principe : des lois pour
vivre en communauté.

Dans le Rig Veda, jusqu'au neuvième mandala, nous sommes loin de tout
ça. Il n'y a aucune loi divine, mais une loi propre aux Âryas : offrir des
sacrifices et donc, boire le soma pour obtenir l'illumination. C'est tout !
Et ensuite, chacun sait ce qu'il doit faire, comment il doit vivre. Son expérience le lui aura fait comprendre.
Dans le dixième mandala, nous verrons apparaître quelques leçons de morales, bien particulières. Mais nous y reviendront.

Le sacrifice, c'est la messe des temps védiques. À l'époque, le yoga existait déjà (voir les sceaux, trouvés à Mohenjo-daro et ailleurs), même si ce
mot n'existe pas pour désigner une discipline précise dans le Rig Veda[1],
les ascètes, les sâdhus, existaient déjà aussi[2]. Le sacrifice, tel que l'on peut
se l'imaginer, était donc la cérémonie " officielle ". Celle des maîtres de
maison, c'est-à-dire des " bourgeois " de l'époque.

C'était l'occasion de demander aux dieux des biens matériels ou la fusion
avec le Brahman, selon le sacrifice désiré. Toute la vie de la civilisation
tournait autour de lui. Il avait une importance considérable.

En réalité, il y avait deux types de cérémonies, les sacrifices publics et
privés.

Le sacrifice privé :

C'est un rituel familial que les gens faisaient chez eux, comme continuent
à le faire les Indiens d'aujourd'hui. Il s'agissait de mantras avec un rituel
au cours duquel on donnait un peu de beurre clarifié aux dieux en en versant une cuillerée dans le feu. Ce rite existe toujours, il s'appelle mainte-

---

1 Les hymnes fourmillent de termes comme union, attelage, etc.
2 RV 10.136

nant un puja. Le chef de famille le faisait seul ou il embauchait un ou plusieurs prêtres. Il pouvait y avoir consommation de soma.

Les sacrifices publics :

Les sacrifices publics étaient l'occasion de grandes fêtes débordant de couleur, de musique et de grandes réjouissances avec charmeurs de serpents, musiciens, danseurs, etc. Quand on connaît la Maha Khumba-Melâ où des millions de pèlerins, se réunissent à Allahabad tous les douze ans, on imagine aisément ce que ça pouvait être il y a 4000 ans. La spiritualité indienne n'est absolument pas sinistre.

1 – Le sacrifice offert par les " maîtres de maison " pour obtenir quelque chose : des enfants, des biens… Ces sacrifices pouvaient durer d'un jour à un an. Ils engloutissaient jusqu'à une année entière des revenus du sacrifiant[1]. On y étranglait[2] un mouton, une chèvre, un bouc, un taureau et même, pour les grandes occasions, un cheval.

2 – Le sacrifice pour le Brahman. C'est le plus sacré des deux, et c'est celui qui est en deuxième lecture des hymnes. C'est dans ce sacrifice que l'on boit le soma. Tous les Maîtres de Maison devaient en offrir au moins un chaque année, lors d'une des pleines lunes du printemps.

Les dieux sont extérieurs et intérieurs. Quand nous appelons un dieu pour lui demander des richesses spirituelles ou l'immortalité, nous faisons appel à nos propres forces intérieures. Les dieux sont des symboles. L'homme et la nature ne sont pas séparés. Les forces qui régissent l'Univers sont les mêmes que celles qui régissent l'Humain.

L'illumination :

La base de la spiritualité indienne, quelle que soit la religion, c'est " l'illumination[3] " que les hindous appellent aujourd'hui la Moksha[4], mais que nous pouvons aussi nommer la Vérité, la Révélation, l'Extase mystique,

---

1 La personne qui offre le sacrifice.
2 Cette technique permet de dire que l'animal ne proteste pas lors du sacrifice.
3 Ce terme est utilisé en occident, mais est très restrictif, mais faute de mieux, c'est celui que j'utiliserai.
4 La délivrance.

Voir Dieu[1], etc. Il n'y a pas de bon mot. C'est la prise de conscience du Brahman[2], de l'Absolu, du Nirvana, du Saint-Graal...

" *Brahman est le principe universel de tout ce qui existe. Il est à la fois immanent et transcendant, et il transcende toute dualité. En tant que tel, il est à la fois l'Un et le Multiple, l'Être et le Non-Être, le Tout et le Rien.* "
Aldous Huxley (The Perennial Philosophy)

" *Brahman est la réalité ultime, l'essence immanente de l'univers qui sous-tend et transcende toutes les formes de la manifestation. Il est au-delà des mots et des pensées, car il est l'absolu non conditionné par le temps, l'espace ou la causalité.* "
Ananda K. Coomaraswamy   (The Dance of Shiva).

" *Brahman est la réalité suprême de l'univers, l'âme cosmique éternelle et infinie qui imprègne tout. Il est l'énigme centrale de l'existence, à la fois présence impalpable et source de tout ce qui est manifesté, unifiant ainsi le visible et l'invisible.* "
Heinrich Zimmer (Philosophies of India).

Dans la tradition indienne, même encore aujourd'hui, au-delà des problèmes quotidiens, il n'y a que ça qui compte. Toutes les voies pour y arriver sont bonnes. Aucun jugement n'est porté sur celles qui sont choisies.

Le Mantra

Le mantra n'est pas une formule qu'on récite pour faire plaisir à un dieu, mais c'est une technique qui permet de produire de l'énergie spirituelle.
Un mantra est composé de trois éléments aussi importants les uns que les autres : Le texte, le son, le rythme.

Le texte :

---

1 Bien que cette expression induise une dualité.
2 The Concept of the Absolute in the Upanishads. Surendranath Dasgupta.

Les versets du Rig Veda étaient utilisés séparément des autres au cours du sacrifice. Et chacun a une signification spirituelle, qui peut être complétée par un indice concernant l'histoire ou la vie de cette civilisation.

Le rishi qui le compose utilise des évènements passés qui deviennent des métaphores. Par exemple, quand il est demandé à Indra de donner de la force et de tuer les ennemis, il s'agit de force spirituelle, d'énergie spirituelle. Les Indiens d'aujourd'hui l'appellent de différents noms selon le courant qu'ils suivent : la kundalinî, la shaktî sont les plus courants.

Tuer les ennemis signifie se débarrasser de tout ce qui nous empêche d'atteindre la Lumière : égoïsme, cupidité, hypocrisie, malhonnêteté, violence gratuite et tout le négatif qui nous attache à cette vie terrestre.

Le son :

Les rishis accordaient une grande importance au son que donne le shloka quand il est récité. Par exemple le premier verset du premier hymne du premier mandala :

agnimīḻe purohitaṃ yajñasya devaṃ ṛtvījam | hotāraṃ ratnadhātamam ||

Ici, le son am qui est la déclinaison à l'accusatif de presque tous les mots après le verbe est prononcé d'une certaine façon, avec comme objectif de faire vibrer le septième cakra, tout en haut de votre tête. Vous pouvez le sentir quand vous prononcer ce mantra en vous concentrant sur cette région de votre tête.
Or, ces shlokas sont destinés à être appris par cœur pour pouvoir être transmis aux autres, à travers les âges. Pour que cela fonctionne bien, il est indispensable que ce mantra soit facile à retenir.
Si, dans la construction de la phrase il n'y a pas de mot convenant au son désiré et au rythme du shloka, le rishi créait lui-même le mot qu'il voulait à partir de la racine. Et si la déclinaison n'était pas la bonne, cela n'avait pas une grande importance. Les règles ultra-rigides du sanskrit classique était loin d'être fixées, puisqu'elles n'apparaîtront que 1500 ans plus tard.

Le rythme :

Il s'agit de la métrique. Je n'avais jamais entendu ce mot avant de traduire le Rig Veda. C'est un mot bien savant pour dire le nombre de pieds par phrase. Par exemple ce premier vers est un mètre gayatrî : trois fois 8 pieds :

agnimīḻe purohitaṃ/ yajñasya devaṃ ṛtvījam/ hotāraṃ ratnadhātamam.

Là aussi, quelquefois, le rishi devait composer un mot pour l'occasion. Ce qui fait que le Rig Veda est rempli de mots qu'on ne trouve qu'une fois dans toute l'histoire du sanskrit.

Le mantra, bien prononcé, en se concentrant sur la signification et sur le cakra, combiné à une respiration contrôlée, permet le fonctionnement de l'épiphyse, reliée au 6 ème et au 7 ème cakra comme c'est expliqué dans l'enseignement du yoga tantrique :

"Là où l'esprit est concentré, là réside l'énergie. Par la répétition des mantras sacrés, on peut éveiller l'énergie intérieure qui est liée au centre Ajna, situé entre les sourcils, gouvernant la clairvoyance et l'intuition[1]."

"La psalmodie (technique vocale consistant à réciter un texte sur une unique note) envoie des vibrations au palais de cristal, activant notamment la glande pinéale et l'hypothalamus. Vous pouvez psalmodier un mantra comme le OM (Aum) ou le chant du HU par exemple[2]"

Les techniques pour atteindre l'illumination.

Elles sont très nombreuses. Depuis que l'Homme existe, il a développé de multiples techniques diverses et variées. Que ce soit le son du tambour qui fait entrer en transe, le yoga, la méditation, le pranayama[3], la bhakti[4] ou la consommation de plantes contenant une molécule de la famille des tryptamines[5], il y a forcément quelque chose qui vous convient.

---

1 Extrait de l'enseignement tantrique traditionnel.
2 Craniosacral Chi Kung de Mantak Chia et Joyce Thom.
3 Contrôle du souffle.
4 L'adoration.
5 DMT : La molécule de l'esprit. Éditions Exergue.2017.

Dans le Rig Veda, ils utilisent le soma. La plante mystérieuse qui est une plante enthéogène[1]. Le neuvième mandala lui est entièrement consacré. C'est le seul mandala qui est uniquement consacré à un seul dieu.

Dans toutes ses descriptions, on ne parle jamais de feuilles, de graines, de fruits ni de fleurs, mais de fibres[2].

Et puis en 2009, des archéologues russes trouvent, en Mongolie, une tapisserie dans une tombe datant du premier siècle de notre ère, tissée en Palestine ou en Syrie, et brodée dans les cités de l'Indus.

Le motif représente des prêtres du zoroastrisme, fille du Védisme, la religion iranienne, vénérant un champignon qu'ils ont identifié comme étant une variété indienne du psilocybe cubensis[3], c'est-à-dire un champignon qui contient de la psilocybine.

Or le zoroastrisme utilisait la même boisson (haoma) que le Védisme[4]. Ils en ont donc déduit que le soma en contenait aussi. Ce qui correspond tout à fait aux descriptions des hymnes du Rig Veda et à la description du neuvième mandala.

Et puis, nous avons un shloka qui nous en dit un peu plus :

1.100.16 – Des chevaux rouges et bruns, comme la plante de soma, avec la tache sur le front, céleste, qui apportent les richesses de Rjrashva, avec un char magnifique tiré par des chevaux vigoureux vont vers la maison de l'Humanité[5].

Mais, nous y reviendrons….

Les trois mondes :

Pour le peuple védique, il y a trois mondes : Le Ciel, la Terre et le Monde Intermédiaire.

- Le Ciel, c'est le Brahman, l'Extase, l'Absolu. La Non-Dualité.

---

1 Qui place le divin en l'homme.
2 Amshu.
3 https://fr.wikipedia.org/wiki/Psilocybe
4 https://scfh.ru/en/news/we-drank-soma-we-became-immortal-/
5 Ce shloka donne l'impression qu'il décrit plutôt une amanite tue-mouches.

- La Terre c'est notre monde ordinaire tel que l'on le perçoit en état de conscience normal.

- Le Monde Intermédiaire, c'est là que se trouvent les dieux, les démons, les esprits, les nymphes célestes, les humains en route vers l'extase mystique. C'est là que se produisent tous les événements paranormaux. Mais, malgré les expériences très impressionnantes, nous restons dans la dualité, même si nous nous pouvons approcher fortement du but.

Ce principe de division en trois se retrouve partout :

- Les trois gunas, - ensemble de qualités - qui créent le monde : sattva - tout ce qui est pur et lumineux.
rajas - énergie, action -
tamas - inertie, dégradation.
Ces gunas se combinent pour donner la matière et l'esprit. Les Indiens disent que la matière est de l'esprit solidifié.
- La trimurti qui naîtra quelques siècles plus tard :
- Brahma[1] le créateur,
- Vishnu qui maintient et fait fonctionner,
- Shiva qui détruit.
- Les trois conditions pour réussir à connaître le Brahman :
- de pures dispositions d'esprit ;
- un environnement adéquat ;
- un moyen utilisé qui soit efficace.
- La définition du Brahman lui-même, sat-cit-ananda[2].
- Les trois composants du mantra.
- Les trois doshas en médecine ayurvédique, et quasiment dans tout si on cherche bien etc.

Mâyâ :

Mâyâ, que l'on traduit généralement par illusion, est la perception que nos sens nous donnent du monde qui nous entoure. La réalité est le Brahman, tout le reste n'est que Mâyâ. Nos yeux ne peuvent pas tout voir (infrarouges, ultraviolets, atomes, proton, neutrons, etc.) Nos oreilles ne peuvent pas tout entendre (infrasons, ultrasons, etc.). Il en va de même pour notre compréhension. On ne peut comprendre la Réalité (le Brah-

---

1 Le Brahman déifié.
2 Être - Conscience - Félicité.

man) que si notre intellect, et donc notre ego, se tait[3]. Mâyâ est donc une vision du monde à un certain niveau, mais absolument pas la réalité.

Rishi :

On traduit habituellement rishi par voyant, sage ou poète. Ce sont les auteurs des hymnes. Certains d'entre eux étaient les Purohitas[1] des rois[2]. Quelques-uns de ceux-ci sont très connus pour avoir joué un rôle dans les mythes fondateurs comme Divodâsa et son petit-fils Sudâsa.

Réincarnation :

Cette notion n'existe dans le Rig Veda que dans le dixième mandala, à une ou deux exceptions près, à une époque où le soma avait probablement disparu. Mais, par contre, on y parle beaucoup d'immortalité.

Ce mot, immortalité, apparaît 86 fois dans tout le Rig Veda. Nous le trouvons 15 fois dans le premier mandala, 1 fois dans le deuxième, 13 fois dans le troisième, 5 fois dans le quatrième, 11 fois dans le cinquième, 10 fois dans le sixième, 4 fois dans le septième, 3 fois dans le huitième, 6 fois dans le neuvième, et 17 fois dans le dixième.
Inutile de rappeler qu'il ne s'agit pas d'immortalité physique, comme l'ont cru certains indianistes occidentaux du 19 ème siècle.

La morale :

Le Rig Veda ne donne, pratiquement, aucune leçon de morale, et uniquement dans le dixième mandala, et encore, avec délicatesse. C'est à chacun de trouver comment vivre en harmonie avec l'univers, et donc avec les autres.

Lignée, descendance :

Un sacrifiant peut demander à avoir une nombreuse descendance mais ce n'est pas le cas des ascètes, yogis, sâdhus et autres renonçants, qui sont

---

3 Ce qui est quasiment impossible à comprendre pour un intellectuel occidental.
1 L'équivalent des chapelains des nobles en occident.
2 Ce mot vient d'une racine signifiant gouverner, représenter, gérer, administrer.

chastes. Aujourd'hui encore, certaines confréries de sâdhus ainsi que les enseignements tantriques se font par des lignées d'un ancien rishi[1]. De maître à élève, pas de père en fils. De maîtresse à élève, dans le cas du Tantrisme[2].

---

1 Dont le disciple adopte le nom.
2 Théoriquement.

Lexique

Pour décrypter les métaphores, voici un petit lexique. N'hésitez pas à y revenir.

Ambassadeur :	autre nom d'Agni. Agni transmet aux autres dieux l'offrande qui lui est faite.
Aryaman :	le dieu protecteur des Âryas.
Assemblée :	les diverses personnes assistant au sacrifice.
Asura :	être spirituel, en rivalité avec les dieux.
Augmenter, croître :	progresser jusqu'au Brahman.
Aurore, aube :	l'Illumination
Beauté :	le Brahman.
Beurre clarifié :	offrande, symbole de Lumière.
Bonheur :	le Brahman.
Butin :	richesses spirituelles, l'Illumination.
Caverne :	là ou est enfermée la Lumière. Blocages mentaux.
Char :	vivacité d'esprit
Cheval :	force, énergie
Combat, batailles :	combats intérieurs
Connaissance :	quand on a eu l'expérience du Brahman
Démons :	ce qui empêche l'illumination.
Eaux :	symbole de purification.
Ennemis :	ignorance, pensées, actions qui empêchent 'illumination.
Fils, enfant :	les résultats positifs de la quête spirituelle.
Flots :	les flots de Lumière, l'illumination
Foudre :	l'arme d'Indra qui tue l'ignorance pour laisser la place à la Lumière.
Héros :	en général, ceux qui ont connu l'illumination, mais aussi les dieux.
Hommes :	les êtres humains en général
Indu :	les gouttes de soma. Autre nom du soma.
Ivresse :	l'ivresse que donne la tryptamine. Rien à voir avec l'ivresse alcoolique
Maghavan :	autre nom d'Indra " le généreux ".
Manu :	le père de l'humanité, l'humanité.

71

Miel :	le soma. On dit aussi : le doux.
Mondes :	les trois mondes : le Ciel, le monde intermédiaire, la Terre.
Nourriture :	nourritures spirituelles, le soma.
Nuit :	l'ignorance.
Obscurité :	ignorance, ce qui empêche l'illumination.
Océan :	vastitude de l'esprit
Parole :	le mantra qui apporte l'illumination.
Place-fortes :	tout ce qui est contraire à l'illumination.
Abondance :	richesses spirituelles.
Portion, part :	la dose de soma versée dans la coupe. Part de richesse spirituelle.
Règle :	l'ordre des choses. L'ordre cosmique. Le dharma.
Riche :	qui est riche spirituellement.
Richesse :	richesse spirituelle, illumination
Rivière :	flots de la parole, de l'illumination.
Savitri:	le Soleil dans son rôle d'incitateur, d'éveilleur.
Serpent :	Vritra, l'obscurité, les ténèbres.
Ténèbres :	l'ignorance.
Trésor :	le Brahman.
Union, unir :	union avec le Brahman
Vache :	Lumière
Vérité :	le Brahman.
Victoire	l'illumination.

Le Rig Veda

C'est le plus vieux livre au monde. Il a été transmis oralement de généra-tion en génération depuis au moins quatre millénaires, et continue de l'être encore aujourd'hui de la même façon.
Il contient 1028 hymnes, ou chants de louange, adressés à des dieux ou déesses, mais aussi aux rivières, aux arbres, aux montagnes, à la générosi-té...

Il est découpé en dix chapitres appelés des mandalas. Le premier et le der-nier comportent chacun 191 hymnes. Les autres ont des longueurs diffé-rentes.
Ce qui nous donne 191-43-62-58-87-75-104-103-114-191 hymnes, pour un total de 10 552 versets ou shlokas.

Ces nombres, évidemment, ont une signification. La compilation ne s'est pas faite au hasard. Malheureusement je n'ai pas trouvé d'explications convaincantes.

Les hymnes sont écrits par des rishis. Les rishis sont des sages poètes ap-partenant à plusieurs peuples unis dans la même spiritualité. Les mandalas 2-3-4-5-6-7 sont appelés " the family books " car ils sont écrits par des ri-shis qui se sont succédé au fil du temps, issus de familles historiques.

Une étude approfondie, menée par des brahmanes pendant des siècles, voire des millénaires, a permis de reconstituer leurs généalogies, dans un ensemble d'analyses que l'on appelle les Anukramnîs[1]. Elle a été complé-tée par les généalogies des rois que l'on trouve dans les Puranas[2].
Les mandalas les plus vieux sont les " family books ". Le premier manda-la est composé d'hymnes de plusieurs époques. Le huitième et le neu-vième sont d'une époque plus récente. Le dixième a été ajouté nettement plus tard.

Tout ceci a permis d'établir une chronologie des mandalas : 6-3-7-4-2-5, pour les plus anciens. Le premier mandala comprend des hymnes de plu-

---

1 Indices.
2 Vous trouverez tous les détails dans : Rig Veda, an historical analysis de Shrikant G Tala-geri. Ed Aditya Prakashan.

sieurs époques anciennes et quelques-uns de datant du temps du huitième. Ensuite viennent les mandalas 8 et 9. Ces deux mandalas sont plus tardifs, et remontent très probablement au début de la période urbaine entre 3500 BCE et 3000 BCE.

Dans le huitième, nous pouvons déjà sentir que la spiritualité devient plus " concrète " avec l'hymne 8.48.3.1.

Nous avons bu le soma. Nous sommes devenus immortels. Nous sommes entrés dans la Lumière, nous avons trouvé les dieux.

Le neuvième, datant de toutes les époques précédentes et composé par toutes les familles, est entièrement consacré à Soma, la boisson illuminatrice déifiée. Il terminait l'avant-dernière compilation. Comme c'était lui qui concluait le Rig Veda, et que c'est le seul à être consacré à un seul et même dieu, nous pouvons penser que le soma avait une importance considérable dans cette société.
Nous y reviendrons plus loin.

Le dixième a été ajouté nettement plus tard[1] : certains rishis viennent de familles inconnues et le vocabulaire comporte beaucoup de mots qu'on ne retrouve dans aucun autre mandala.

Les familles historiques de rishis sont issues des cinq premiers peuples. D'autres les rejoindront pour, finalement, constituer l'Inde d'aujourd'hui[2].

Voici la liste des familles de rishis connues :
Kanva – Angirasa – Agastya – Gritsamada – Vishvamitra – Atri – Vasishtha – Kashpaya – Bharata – Bhrigu.

Les cinq premières fédérations de peuples composant les Âryas[3] sont les suivants :
Yadu – Turvasha – Druhyu – Anu – Pûru.

Plusieurs rois sont mentionnés, mais deux seulement ont une grande importance, d'un point de vue historique : Divodâsa et son petit-fils Sudâsa.

---

1 Cependant, puisque la Sarasvatî coule encore abondamment, il a donc été ajouté avant 1900 BCE.
2 Je ne parle pas de l'État-nation que les Britanniques ont créé en 1947.
3 Ce mot signifie Noble (au sens noble du terme) et regroupe ceux qui pratiquent la même spiritualité qui consiste essentiellement à offrir des sacrifices et à boire le soma.

Tous les deux viennent de la principale famille, celle qui donnera son nom à l'Inde moderne : Bharata.

Divodâsa combattra les Dasyus, commandés par Shambara, et son petit-fils Sudâsa gagnera une guerre interne aux Âryas : la guerre des dix rois. De toute l'Histoire dont l'humanité ait le souvenir, c'est la première guerre, avec deux combats, l'un sur la Parushnî, l'autre sur la Yamuna. Les rois tués dans cette guerre fratricide sont cités dans le 7 ème mandala.

Les hymnes, destinés à être déclamés dans les sacrifices, sont composés de métaphores basées sur des évènements survenus à différentes époques, pouvant remonter à plusieurs siècles, voire à plusieurs millénaires. Ils n'ont pas tous été composés au moment des évènements contés, mais quelques siècles, voire quelques millénaires, plus tard,

Les dieux et déesses représentent la nature, sous ses différents aspects, mais pas seulement. Nous y trouvons aussi des hymnes à l'Union, à la générosité, aux rivières, aux nuages…

Voici les principaux dieux et déesses[1] :

• **Aditi** : " non liée " C'est l'infini, c'est aussi la Mère de toute chose. C'est la Déesse Mère[2].

• **Agni** : C'est le feu sacré. C'est aussi le messager, car en versant dans le feu sacré une offrande destinée à un dieu, elle lui est directement envoyée. Mais c'est aussi la Lumière qui vient chasser l'obscurité. C'est l'illumination.

Les **Angiras** : Angiras est le nom d'un des premiers Rishis. Les Angiras ne sont pas forcément des dieux, mais ils sont fils des dieux et certains dieux sont des Angiras. On les trouve dans le monde intermédiaire, comme les dieux. Ce sont les forces de la Lumière. C'est aussi le nom de la famille de ce rishi.

Les **Ashvins** : " semblable à un Cheval " Ce sont des dieux jumeaux, que l'on appelle aussi Angiras. Ils sont les frères de l'Aurore. Ils sont le lever

---

1 Herbert, Jean (1980). L'interprétation psychologique du Véda selon Shri Aurobindo. Revue Philosophique de la France Et de l'Etranger 170 (4):446-446.
2 Ou l'aspect féminin du Brahman.

de Soleil, y compris en nous-même. L'illumination. Ils sont appelés pour soigner les malades. Ils représentent aussi deux étoiles jumelles qui apparaissent avant l'aurore : Castor et Pollux.

• **Indra** : " qui est puissant " c'est le dieu guerrier. Il est aussi rattaché aux sens, et en particulier à l'intellect, qui est un sens en Inde. C'est l'orage, son arme est la foudre. Sa puissance se révèle à travers le soma, dont il raffole. Il conquiert pour l'homme, la richesse (le Brahman), la Lumière (la Vache) et la force (le Cheval).

• Les **Maruts** : " qui font mourir ". Ce sont les vents furieux. Ce sont les fils de Rudra, les compagnons d'Indra. Ce sont les dieux de l'énergie, puissance de volonté et de force vitale.

• **Mitra** : " ami ". Inséparable et complémentaire de Varuna, il est le seigneur de l'amour, de l'amitié.

• **Rudra** : " celui qui fait pleurer ". C'est le premier nom de Shiva. Il symbolise la destruction. Il est violent et terrible tout en étant compatissant pour tout ce qui souffre. Il détruit les ténèbres pour laisser la place à la Lumière.

• **Sarasvatî** : " semblable à un lac ". C'est la fameuse rivière, déifiée, où se situaient les premières villes. Elle illumine toutes les méditations, elle est le flot du verbe divin qui illumine toutes les pensées.

• **Soma** : " qui est pressé ". C'est la plante et son jus déifiés. C'est le moyen d'atteindre l'illumination. La plante est pressée, le jus est mélangé à de l'eau et du lait. On l'échangeait contre une vache et, en pleine période védique classique, elle coûtait le prix de l'or.

• **Sûrya** : " qui brille ". C'est le Soleil. Il est la Lumière et la Vérité. Ses fonctions sont la création lumineuse et la vision lumineuse. C'est l'Illumination.

• **Ushas** : " qui illumine ". C'est l'aurore. C'est aussi la Lumière de la connaissance, c'est l'Illumination, la Vérité…

• **Varuna** : " ce qui entoure ". C'est l'océan, le Ciel. Compagnon de Mitra, il détruit tous les ennemis. C'est la force consciente de la vérité.

• **Vâyu** : " qui souffle ". C'est le vent déifié, le souffle. Il est le maître du monde intermédiaire. Il est le maître de la vie.

• **Vishnu** : " qui est actif ". Garant du fonctionnement du monde, seigneur de l'activité, il aide l'homme dans son ascension spirituelle.

• **Visvedevas** : Ce sont tous les dieux.

Où et quand ?

Voici une question qui divise aussi bien les Indiens que les occidentaux. La version " officielle[1] " nous dit que le Rig Veda a été composé par de farouches guerriers " aryens ", parlant une langue Indo-Européenne, venus d'Europe ou des plaines d'Asie centrale en 1500 BCE, envahir l'Inde et apporter aux Indiens, à la peau noire, le sanskrit, leurs dieux et toute leur culture.

Depuis le nazisme, cette version a légèrement évolué, et il n'est plus question d'invasion mais de migration venue des plaines d'Ukraine[2]. Cette version soft, quasi-officielle, s'appuie sur l'affirmation que ces évènements sont contés dans le Rig Veda[3].

Eh bien, nous allons regarder ça de plus près.

Bien sûr nous ne trouverons que peu de preuves bien solides, pas de " smoking gun ". Alors nous ferons comme le fait la Justice quand elle est dans le même cas : si nous trouvons suffisamment d'indices graves et concordants, notre intime conviction sera faite.

---

1 Bien sûr, en Histoire il n'y a pas de version officielle, mais il y en a toujours une qui est considérée comme la plus probable.
2 David Reich : Comment nous sommes devenus ce que nous sommes. Pour la version française. Ed Quanto. 2019. Who we are and how we got here. Pantheon books. 2018.
3 Curieusement, à des rares et très peu crédibles exceptions près, aucun défenseur de cette migration-invasion ne peut vous citer un hymne ou un shloka qui le confirme sérieusement.

Géographie

De quelles rivières s'agit-il ? Quelles sont ces sept rivières ?

Eh bien, ce sont celles sur lesquelles est née cette civilisation :
l'Indus, la Jhelum, la Chenab, la Râvi, la Beas, la Sutlej, et la Ghaggar de
leurs noms actuels.
l'Indus, la Vitâsta, l'Askinî, la Parushnî, la Vipâsha, la Shutudrî, la Sarasvatî de leurs noms védiques.

La Vitâsta, l'Askinî, sont des affluents de l'Indus, de même que la Shutudrî sur la fin de la période rig-védique et qui se jetait dans la Sarasvatî,
comme la Parushnî et la Vipâsha, avant le tremblement de terre qui a dé-
tourné son cours.

Bien entendu, au fil des siècles et des millénaires, la civilisation s'est
étendue, essentiellement à l'Ouest, mais aussi dans les autres directions.

Ensuite, voyons la situation géographique du Rig Veda qui est tout simplement décrite dans l'hymne 10.75, connu en Inde sous le nom de Nadi
Shukta – l'Hymne aux rivières[1] :

*10.75.5 – Unissez-vous à mon éloge, Ô Gange, Ô Yamuna, Ô Sarasvatî[2],
Ô Shutudrî[3], Ô Parushnî[4]. Avec l'Asiknî[5], avec la Marudvridha[6], avec la
Vitastata[7], écoutez avec ceux qui aiment le Soma dans la coupe.*

---

1 Ou l'Hymne à la rivière ou, encore, à l'Indus.
2 Aujourd'hui : la Ghaggar, en Inde, et la Hakra au Pakistan.
3 Aujourd'hui la Sutlej.
4 Aujourd'hui : la Râvî.
5 Litt : " la noire ". Une rivière, affluente de l'Indus ".
6 Litt : " qui se réjouit dans le vent ".
7 Affluent de l'Indus, aujourd'hui le Jhelum.

1.75.6 – Tu es le premier qui vient en même temps que la Susartu, la Rasâ, la Shvestya[1]. Tu viens, Ô Indus, sur le bon char avec celles qui viennent : la Kubha[2], la Gomatî[3], la Krumu[4], la Mehatnû[5].

Là, c'est simple et clair. Certaines rivières ont gardé leurs noms : Gange, Yamuna et Indus, les autres ont évolué au fil du temps et des arrivées de nouvelles populations ayant eu lieu depuis cette époque et qui parlaient d'autres langues.

Le sanskrit védique était très probablement une langue de communication entre des peuples différents qui se sont progressivement unis dans le védisme. Peut-être était-elle celle des Pûrus, dont étaient issus les Bharatas ?

Bien sûr, d'autres hymnes citent ces rivières à l'occasion de tel ou tel exploit d'un ou des plusieurs dieux. En voici quelques exemples :

1.126.1 – Avec la pensée, j'apporte ces joyeux hymnes à Bhavya[6], habitant le long de l'Indus, car le roi invaincu, désirant la Gloire, m'a pressé mille jus de soma.

4.30.11 – Ce char s'est retrouvé couché et écrasé dans la Vipâsha[7], elle est partie au loin.

9.41.6 – Ô Soma, coule autour de nous, dans un flot protecteur, de tout cotés, coule comme la Rasâ[8] dans le Ciel.

Quelques lieux sont cités. Ils ont changé de nom depuis mais, l'un d'entre eux est toujours le même et nous donne une information intéressante : Ghandara.
C'est une région comprise entre l'Est de l'Afghanistan et le Nord-ouest du Pakistan, dans les environs de Peshawar.

---

1 Rivières affluentes de l'Indus.
2 La rivière Kabul. Affluente de l'Indus.
3 Litt : " qui a des Vaches ". Affluent de l'Indus.
4 Affluent de l'Indus.
5 Affluent de l'Indus..
6 Litt : " ce qui devrait être ".
7 Une rivière du Penjab descendant de la vallée de Manali.
8 L'une des rivières védiques, affluent de l'Indus.

1.126.7 – (Elle parle) Je m'approche très près de lui, je le touche douce-ment, Pensez-vous que mes cheveux peuvent le décevoir ? Je suis Roma-sha, la brebis de Gandhara.

Nous pouvons donc dire que cette civilisation était située entre le Gange et l'Indus, horizontalement, et allait au moins jusqu'au Gandhara, vertica-lement[1].

Voilà pour la géographie. Maintenant, essayons de dater les évènements qui sont contés à travers ces métaphores. Là, évidemment, c'est moins simple, mais allons-y quand même.

Dates

Pour dater une période ancienne, qui a connu des combats, il y a plusieurs éléments que nous pouvons prendre en compte, notamment les armes et les moyens de déplacement.

La première chose qui saute aux yeux : la monte de chevaux n'est pas en-core pratiquée. La plus ancienne trace d'équitation remonte à environ 4300 ans, chez les Yamnayas, ce peuple des steppes qui a ravagé le Dane-mark[2], il y a environ 5000 ans. Cette découverte a été faite par une équipe de 21 chercheurs et publiée dans Science (Science Advances du 3 mars 2023).
Donc, nous pouvons dire qu'avant 2300 BCE, les gens des sept rivières se déplaçaient à pied, en bateau, en charrette ou en char, mais pas à dos de cheval.

Autre indice, et non des moindres : les roues à rayons. La trace la plus an-cienne vient de Merhgarh (Pakistan) et date de 4 500 à 3 600 BCE[3]. Il s'agit d'une amulette représentant une roue à rayons. Or Merhgarh est si-tué sur le territoire de la Civilisation des 7 Rivières.

---

1 La "colonie" de Shortugaï, au Nord de l'Afghanistan était isolée du reste de la civilisation et lui fournissait du cuivre et de l'étain.
2 Et non pas l'Europe entière, contrairement à ce qui a été annoncé en 2021.
3 https://medium.com/@snehal_45125/why-we-cant-say-who-invented-the-wheel-1d594c7e58e

Amulette représentant une roue à rayons, trouvée à Merhgarh

Voici quelques exemples de shlokas qui en parlent :

1.134.11 – Formée de douze rayons[1], non cachée, la roue originelle[2] fait le tour du Ciel, suivant l'Ordre. Ici se tenaient, par paires, sept cent vingt cordes.

1.88.2 – Avec leurs Chevaux bais ou plutôt fauves qui font avancer leurs chars, ils vont dans la Splendeur, brillants comme l'or et équipés de la Foudre. Ô Terre, la jante[3] du Char t'a-t-elle labouré ?

1.164.48 – Douze rayons nourrissent une roue[4], trois sont les yeux, qui l'a compris ? On y trouve trois cent soixante rayons[5] réunis, que l'on ne peut pas empêcher de tourner.

Au passage, nous pouvons noter que les allusions à l'astronomie ne manquent pas.

Autres informations intéressantes : les armes :

Les armes métalliques ne sont pas encore totalement répandues.

---

1 Douze mois.

2 L'année.

3 Qui dit jante, dit roue à rayons.

4 L'année, la roue des saisons.

5 Les jours.

10.60.4 – Celui-ci domine les peuples, comme des buffles, ceux qui ont des armes métalliques et ceux qui n'en ont pas, dans les combats.

Les flèches à pointes métalliques ne sont pas encore généralisées. Le métal coûtait cher à l'époque.

5.54. 3 – Les Maruts, les hommes impétueux comme le vent, ont secoué les montagnes avec ce qui brille de Lumière et avec des flèches de pierre. Désireux d'eau, en un instant ils sont couverts de grêle d'un assaut rugissant, violent et très puissant.

Même les lames de couteau ne sont pas toutes en métal :

10.101.10 – Versez le brunâtre coulant dans les coupes de bois. Taillez-les avec une lame de grande pierre. Encerclez-les avec dix lanières. Attelez le Cheval de trait aux deux mats.

Par contre, les Maruts, jeunes dieux, compagnons d'Indra, qui adorent porter des bijoux en or, ont des lances brillantes.

1.87.3 – La Terre tremble comme quelqu'un qui chancelle lorsqu'il se dépêche en marchant sur le chemin. Quand ils s'unissent dans la Beauté[1]. Ils jouent, rugissent bruyamment, armés de lances scintillantes. Les Secoueurs[2] admirent la puissance de l'Atman[3].

1.167.3 – Près d'eux, s'est fixée, bien placée, une lance, brillante comme du beurre clarifié, ayant l'apparence de l'or. La Parole est comme une femme honorée en public, quand les hommes vont dans une assemblée comme dans une caverne.

Or, nulle part, dans le Rig Veda, il n'est question de mélange de métaux[4]. Si ce mélange (bronze) avait été connu, nous l'aurions trouvé à de multiples reprises dans les métaphores des hymnes à Agni ou à Soma.

---

1 En Brahman.
2 Les Maruts.
3 L'âme individuelle. Le Soi.
4 Dans la première édition de ma traduction, j'ai utilisé le mot bronziers dans le 8.5.38. C'était une erreur, et je l'ai corrigée dès que je m'en suis aperçu.

J'en déduis que ces lances scintillantes étaient en cuivre. Des lances d'apparat qui sont tout à fait compatibles avec les Maruts qui portent des chaînes en or et autres bijoux.

Néanmoins les flèches à pointes métalliques existent déjà :

4.27.3 – Quand l'aigle a-t-il rugi du Ciel, ou quand emporta-t-il le généreux, quand celui qui bande son arc, par son esprit, lui envoya-t-il sa flèche brillante et terrifiante ?

1.121.9 – Tu as lancé la flèche métallique apportée par les sages avec ta fronde en cuir[1], alors, toi qui es invoqué par beaucoup, tu as frappé Shushna, pour l'amour de Kutsa avec des flèches destructrices innombrables.

Et ils utilisaient, aussi, des flèches empoisonnées[2] :

6.75.15 – Celle-ci[3] est enduite de poison, ayant une corne de cerf[4], dont la bouche est en métal. Voici un large hommage à la divine flèche née de la pluie.

Donc, voilà quelques éléments qui nous indiquent que ces évènements se déroulaient avant l'âge de bronze qui apparaît en Inde du Nord-Ouest peu de temps après l'apparition de premières villes, donc, aux environs de 3500 BCE.

En gros, nous pouvons dire que la partie ancienne[5] du Rig Veda, ou que la composition, des hymnes de cette période, se déroule entre 4000 BCE[6] et 3500 BCE.
En effet, certains hymnes ont été composés bien après que ces évènements aient eu lieu, en y incluant des éléments contemporains. Ces hymnes content des histoires survenues dans le passé, et transmises de génération en génération. Il n'est donc pas du tout impossible que des évènements datant de plusieurs siècles aient été l'objet d'hymnes plus tard. Nos religions actuelles sont basées sur des livres contant des histoires vieilles de plusieurs millénaires. (Bible, Coran, Thora, Mahâbhârata ...).

---

1 Mais pourquoi lancer des flèches avec une fronde ?
2 Probablement pour la chasse.
3 La flèche.
4 Une pointe.
5 C'est-à-dire les mandalas de 2 à 7.
6 Voire plus.

L'idéal serait donc de trouver une date précise qui pourrait nous aider. Comme une éclipse, par exemple.

Ça tombe bien ! Plusieurs allusions à une éclipse sont dans le Rig Veda, dont une qui fait l'objet d'un mythe très important : le vol des vaches par les Panis.
Il y en a-t-il eu plusieurs ou parlent-ils de la même ? C'est impossible à savoir.

10.27.20 – Ces deux bœufs de la mort, ont été attelés pour moi, ne les chassez pas. Qu'ils s'arrêtent maintenant. Les eaux ont atteint le but de celui-ci et l'éclipse a caché le soleil qui réapparaît.

Et surtout, nous avons le 5.40 qui est très explicite :

5.40.5 – Quand, Ô Soleil, Svarbhânu[1] Âsura[2], t'a transpercé par l'obscurité, les être vivants sont restés perplexes, ne connaissant pas l'inculture.

5.40.6 – Quand, Ô Indra, tu as compris la magie de Svarbhânu qui tombait du Ciel, Atri avec ses quatre hymnes a découvert le soleil, caché par les ténèbres, par les impies.

5.40.8 – Le mantra ayant uni les pierres, vénérant les dieux par des hommages, et l'accomplissant[3]. Atri a placé l'œil de Sûrya[4] dans le Ciel et a caché les magies de Svarbhânu.

5.40.9 – C'est ce soleil avec lequel Svarbhânu Âsura a transpercé les ténèbres, celui que les Atris[5] ont trouvé, personne d'autre n'a pu le faire.

Mais, revenons sur le mythe du vol de vaches par les Panis. Pani signifie avare, cupide, grippe-sous, etc. Les vaches symbolisent la Lumière, selon Sri Aurobindo[6]. En effet, à cette époque la monnaie n'existait pas. Les gens payaient en vaches. Par exemple, le soma, nécessaire aux sacrifices, coûtait une vache. Les prêtres étaient payés en vaches. Les comptes ban-

---

1 Litt : " ciel lumineux ou rayons du soleil ".
2 Litt : " divin, spirituel ".
3 Accomplissant le sacrifice.
4 Le soleil.
5 Les enfants spirituels ou non de Atri.
6 Le Secret du Veda, Sri Aurobindo. Fayard 1975.

caires, de l'époque étaient des troupeaux de vaches. La vache symbolisait donc la richesse.

Or pour un Indien, ce qui est valable pour la Terre est valable pour le Ciel, et inversement. Donc, une richesse matérielle signifie aussi, dans les métaphores, une richesse spirituelle. Et la plus grande richesse spirituelle que nous puissions connaître, c'est la Lumière, l'Illumination.

Les Panis, après avoir volé les vaches, les ont cachées dans une caverne dans la montagne. Le dieu Brihaspati, passant par là, entend les vaches meugler à travers les rochers, il casse la caverne, libère les vaches et la Lumière revient.

10.68.4 – Saupoudrant de miel la matrice de la vérité, jetant un rayon de Lumière comme une météorite tombant du Ciel, Brihaspati, quand il fit sortir les Vaches de la pierre, a fendu la peau de la Terre, comme l'aurait fait une vague.

10.68.5 – Par sa Lumière, il a chassé les ténèbres du monde intermédiaire, comme le vent chasse l'eau. Brihaspati a touché la peau de la caverne, comme le vent touche les nuages, et fait sortir les Vaches.

10.68.6 – Lorsque Brihaspati a détruit la faible cachette de Vala[1], qui se moquait de lui, il les a prises par ses hymnes brûlants comme le feu, comme la langue prend la nourriture piégée par les dents. Il les a mangées[2] comme de la nourriture servie et a rendu les Vaches visibles.

10.68.9 – Celui-ci a trouvé l'Aurore, le Ciel, Agni. Il a chassé les ténèbres par la Lumière. Brihaspati a extrait les bovins de la caverne, comme la moelle des os des articulations.

10.68.10 – Comme les forêts se plaignant de leurs feuilles volées par l'hiver, Vala s'est lamenté pour les Vaches libérées par Brihaspati. Il a fait une action, pas une petite, une seule fois : il fait s'élever le Soleil et la Lune ensemble.

---

1 La caverne considérée comme un démon. .
2 Il les a kidnappées et libérées.

10.68.11 – Comme un Cheval sombre, avec des perles, les pères ont placé les étoiles dans le Ciel. Dans la nuit, Brihaspati, a placé le plus de Lumière du jour, cassant la pierre, il a trouvé les Vaches.

10.108.5 – (Pani) Ce sont les Vaches que tu cherchais. Elles sont tombées des limites du Ciel pour une bonne part. Qui nous les rendra sans combat ? Nos armes sont acérées.

10.168.5 – Ayant des armes invincibles, le tueur de Vritra, par la destruction du Dâsa, a affûté ceux qu'il chasse. Effrayées par la foudre d'Indra, les splendides Aurores sont sorties, par l'ouverture, abandonnant leur charrette.

1.93.4 – Agni, Soma, quand vous avez magnifiquement volé aux Panis[1] leur nourriture et leurs Vaches, vous avez vaincu les enfants de Brisaya[2], vous avez trouvé la Lumière, l'Un[3] pour beaucoup.

En général, les spécialistes des éclipses aiment faire un rappel historique, quand ils écrivent un livre[4] sur elles. Et la plus ancienne éclipse totale de toute l'histoire dont l'humanité ait le souvenir, est celle qui est citée dans le plus ancien livre au monde : le Rig Veda.

Notre éclipse a donc été datée par de super ordinateurs : elle date du 19 février 3929 BCE.

Allez voir ce lien et vous verrez que cette magnifique éclipse ne pouvait pas être plus belle. Elle remonte l'Indus, et atteint son maximum au Ladakh :

https://ssp.imcce.fr/forms/solar-eclipses/-3929

Donc, le 19 février 3929 BCE à Harappa, il faisait nuit noire.

Une autre méthode de calcul, la méthode indienne, donne 3928. La différence s'explique par les calendriers chrétiens, que les Indiens ne prennent pas en compte puisqu'ils ont le leur.

---

1 Des démons : litt : " avares ".
2 Un démon.
3 Le Brahman, les Tout, la Moksha, l'immortalité, la non-dualité…
4 Éclipses totales, Pierre Guillermier et Serge Koutchmy ed. Masson. 1998.

Les calendriers chrétiens ont été ajustés du temps de Jules César, à la suite d'un oubli de quelques heures dans le calcul de la durée d'une année.

Nous voilà donc fixés sur le début de cette civilisation. Nous verrons plus tard que d'autres évènements, plus anciens sont probablement survenus aussi, mais avec moins de précision.

Cette civilisation a donc commencé, avant la construction des villes, aux alentours de 4000 BCE, voire nettement plus.

De quand date la fin ?

Là, ça va être plus difficile, car le Rig Veda se termine avant la fin de la civilisation. Ce qui est tout à fait normal.

Pour éclaircir ce point, nous sommes obligés d'étudier la géographie. Pas pour savoir où cela se déroulait, nous le savons déjà : entre le Gange et l'Indus.

Les ruines des grandes villes, comme Monhenjo-Daro, Rakhi Garhi, Harappa etc. nous disent qu'elles ont été évacuées vers 1900 BCE[1]. Mais, leur écriture, non déchiffrée, ne peut rien nous dire, et de toute façon, les inscriptions trouvées sur les sceaux et autres artefacts sont trop courtes pour nous raconter ça.

Alors, regardons les rivières : Nous avons vu qu'elles sont citées dans le 10.75 :

10.75.5 – Unissez-vous à mon éloge, Ô Gange, Ô Yamuna, Ô Sarasvatî[2], Ô Shutudrî[3], Ô Parushnî[4]. Avec l'Asiknî[5], avec la Marudvridha[6], avec la Vitastata[7], écoutez avec ceux qui aiment le Soma dans la coupe.

---

1 Au Gudjarat, elle a duré cinq siècles de plus.
2 Aujourd'hui : la Ghaggar, en Inde, et la Hakra au Pakistan.
3 Aujourd'hui la Sutlej.
4 Aujourd'hui : la Râvî.
5 Litt : " la noire ". Une rivière, affluent de l'Indus ".
6 Litt : " qui se réjouit dans le vent ".
7 Affluent de l'Indus, aujourd'hui le Jhelum.

*10.75.6 – Tu es le premier qui vient en même temps que la Susartu, la Ra-
sâ, la Shvestya[1]. Tu viens, Ô Indus, sur le bon char avec celles qui
viennent : la Kubha[2], la Gomatî[3], la Krumu[4], la Mehatnû[5].*

Le 5 parle de grandes rivières, alors que le 6 ne parle que des plus petites
qui étaient des petits affluents de l'Indus.

Et tout de suite, nous voyons qu'il en manque une : la Drishadvatî, l'affluent de la Sarasvatî qui recevait la Yamuna. Celle-ci a été déviée de son
cours par un tremblement de terre. Nous ne savons pas exactement quand.
Par contre, nous savons où : un endroit dans l'Himalaya appelé : " la dé-
chirure de la Yamuna ".

La Drishadvatî est citée dans un autre mandala plus ancien :

*3.23.4 – Il t'a installé dans l'enceinte de la Terre, au siège de Ilâ, dans la
Lumière des jours. Ô Agni, brille richement dans les Hommes, dans la
Drishadvatî[6] et dans les flots de la Sarasvatî[7].*

Cette rivière est donc asséchée, et son lit est encore visible de nos jours.
Comme la Sarasvatî, elle coule un peu pendant la mousson. Elle s'appelle
maintenant la Chautang.

Mais, évidemment, nous avons beaucoup plus intéressant : La Sarasvatî[8] -
aujourd'hui la Ghaggar - sur laquelle les plus grandes villes de cette partie
Est de cette civilisation étaient, et sont toujours installées, Rakhi Garhi,
Banawali, Kalibangan, Ganweriwala etc.
Aujourd'hui, elle aussi est asséchée. Comme la Drishadvatî, elle coule un
peu en été pendant la mousson, mais elle n'a plus rien à voir avec la rivière majestueuse qui était la seule de toutes les rivières à être une déesse.

---

1 Rivières affluentes de l'Indus.
2 La rivière Kabul. Affluente de l'Indus.
3 Litt : " qui a des Vaches ". Affluent de l'Indus.
4 Affluent de l'Indus.
5 Affluent de l'Indus..
6 Litt : " pleine de rochers "
7 Ce sont les deux rivières qui encadrent le Brahmavarta (pays du Brahman) où est née la
civilisation védique.
8 " semblable à un lac ".

6.52.6 – Indra est le plus proche, il vient avec plaisir, grâce à son aide. Sarasvatî se gonfle avec les rivières. Parjanya[9] nous réjouit ainsi que les plantes. Agni, qui est bon à appeler, est agréable à invoquer comme un père.

7.96.1 – Je chante la parole divine : elle est la plus large des rivières. Glorifie Sarasvatî, Ô Vasistha, avec de bons hymnes et, avec des éloges, le Ciel et la Terre.

7.95.1 – Elle jaillit, houleuse, rafraîchissante, cette Sarasvatî qui porte une armure métallique purifiante. Elle va, comme un char qui se hâte, dépassant toutes les eaux des autres rivières.

1.164.49 – Ton sein, source de plaisir, toujours abondant avec lequel tu fais prospérer ce qui est précieux, donneur de Richesse, accordant le Trésor, généreux, donnant la munificence, est ici, Sarasvatî, l'élément primordial.

Ces quelques exemples doivent être complétés par l'excellent livre de Michel Danino : *The lost river. On the trail of the Sarasvatî. Penguin books.* Il a décortiqué toutes les études scientifiques, dans plusieurs domaines, et les a réunies dans ce livre passionnant.

Il y a une chose que les occidentaux ethnocentrés oublient : ils ne sont pas les seuls sur Terre à être de grands scientifiques. L'Inde forme 350 000 ingénieurs par an[2], selon certaines études, et 1,5 million selon d'autres[3]. Ce sont des gens formés dans les meilleures écoles. Beaucoup d'entre eux s'intéressent à leur histoire et leur passé. Beaucoup d'études sont menées aussi bien en géologie, qu'en hydrologie, sismologie et autre disciplines…

Les études concernant la Sarasvatî ne manquent pas. Et tout le monde est d'accord pour dire qu'elle s'est asséchée aux alentours de 1900 BCE[4]. En voici quelques avis de différentes disciplines :

Michel Danino (Historien et archéologue)

---

9 Le nuage déifié.
2 Selon l'Agence Nationale de la Recherche
3 Julien Einaudi, Ortec
4 https://www.hindustantimes.com/india-news/researchers-say-drying-of-saraswati-like-river-led-to-decay-of-harappan-city/story-OVBTbN5e8iEOj0aU8s11WK.html

"L'assèchement de la rivière Sarasvati, qui aurait eu lieu vers 1900 avant notre ère, marque une transformation significative du paysage du nord-ouest de l'Inde, influençant les schémas migratoires de la civilisation ha-rappéenne."

Danino, Michel. The Lost River: On the Trail of the Sarasvati. Penguin Books India, 2010.

R. Rajaram (Géologue) "Des preuves géologiques suggèrent que la rivière Sarasvati, un fleuve majeur de la partie nord-ouest du sous-continent indien, a commencé à s'assécher vers 1900 avant notre ère, probablement en raison de déplacements tectoniques et de changements dans les régimes de mousson."

Rajaram, R. "Geological History of the Sarasvati River." Journal of South Asian Geology, vol. 15, no. 2, 2005, pp. 123-135.

David Frawley (Indologue) "Vers 1900 avant J.-C., la rivière Sarasvati, qui était autrefois un système fluvial majeur à l'époque védique, a commencé à s'assécher, affectant profondément les civilisations qui prospéraient le long de ses rives. ."

Frawley, David. The Rig Veda and the History of India. Aditya Praka-shan, 2001.

Donc, nous pouvons dire que la Civilisation des 7 Rivières a commencé aux alentours de 4000 BCE (voire plus) et s'est terminée vers 1900 BCE à la suite de l'assèchement de la Sarasvatî. Elle continuera, comme nous l'avons vu plus haut, encore 4 ou 5 siècles au Gudjarat.

Les grands mythes

En général quand nous nous intéressons à une ancienne civilisation, nous cherchons à décrypter les grands mythes, qui sont basés, à chaque fois, sur des évènements très anciens. Le mythe est bien pratique pour la transmission orale.

Le **Rig** Veda en contient plusieurs. Voici les plus importants, ceux que nous allons trouver dans plusieurs mandalas, dont les plus anciens : le meurtre de Vritra par Indra ; la guerre contre Shambara et les Dasyus ; la guerre contre Shushna et le vol des vaches par les Panis.

Nous avons déjà vu que ce dernier nous parle d'une éclipse datée de 3929[1] BCE. Voyons donc les autres et commençons par le meurtre de Vritra.

***

Vritra

La racine de ce nom signifie : cacher, couvrir. Vritra est aussi souvent appelé serpent.

1.32.5 – Indra a frappé Vritra, le plus sombre, avec sa Foudre puissante et meurtrière. Il l'a mis en pièce, comme un tronc d'arbre avec la hache, et le serpent gît étendu sur la Terre.

1.32.11 – Les épouses de Dâsa[2], ayant le serpent comme gardien, étaient assiégées, comme les Vaches par les Panis[3]. Les Eaux avaient été placées dans une caverne, le meurtrier de Vritra les a libérées.

Vritra retient les eaux, empêche les rivières de couler :

---

1 Ou 3928 selon la méthode indienne.
2 Impie, brigand.
3 Litt, " avares ".

1.32.6 – Comme celui qui n'a pas d'ennemi, l'arrogant a défié le grand héros, l'exterminateur qui tourmente beaucoup. Il n'a pas pu éviter l'impact des coups, l'ennemi d'Indra a endommagé les Rivières.

1.32.12 – Tu étais comme la queue du Cheval, Ô Dieu Indra, tu as frappé de ta foudre cet individu. Tu as gagné la Lumière, tu as gagné le Soma, Ô Héros, tu as libéré les sept Rivières qui coulent vers le bas.

1.52.2 – Comme une montagne ferme sur sa base, inamovible, ayant mille protecteurs, il a augmenté ses Forces. Quand Indra a tué Vritra[1] qui oppressait les Rivières[2] ascendantes, il a fait se dresser les Flots face à l'Obscurité.

1.52.6 – La Lumière a brillé autour de toi. La Force est en marche. Assises à la base du Monde Intermédiaire[3], les Eaux sont obstruées. Alors, Ô Indra, tu as tué Vritra, qui contient le Mal, de ton arme rapide et terrible, le tonnerre.

1.54.10 – L'Obscurité régnait, les Eaux, étaient retenues dans le ventre de Vritra[4], comme une montagne tremblant sur sa base, Indra a frappé les Rivières et les a toutes envoyées au loin dans les montagnes.

1.56.5 – Quand, avec force, tu as fixé fermement ce qui était caché dans chaque quartier du Ciel, à travers l'Espace Intermédiaire, alors Ô Indra, dans l'excitation permanente de l'ivresse, tu as frappé Vritra et libéré les Eaux dans l'Océan.

Comme ça, au premier coup d'œil, il semble que Vitra soit un nuage qui empêche la pluie de tomber. Apparemment, il n'y a rien d'extraordinaire. Alors pourquoi en faire un mythe ?

Est-ce une allusion à une sécheresse ? Une mousson détraquée ? Ou est-ce autre chose ?

En 5300 BCE, un énorme volcan sous-marin, le plus gros de l'Histoire humaine a fait éruption au large du Japon[56].

---

1 L'obscurité qui cache la Lumière du jour et l'ignorance qui empêche l'Illumination.
2 Symbole des flots de Lumière.
3 Le monde entre celui du Brahman : le Ciel, et celui de la vie quotidienne, la Terre ;
4 L'obscurité. Ici, elle est représentée comme un nuage noir.

Masayuki Nakagawa (Volcanologue) *"L'éruption de la caldeira de Kikai, l'une des plus grandes éruptions connues de l'histoire du Japon, s'est produite il y a environ 7300 ans (environ 5300 avant notre ère), impactant considérablement l'environnement et les populations anciennes.*
Nakagawa, Masayuki. "Geological and Geochemical Characteristics of the Kikai Caldera Eruption." Journal of Volcanology and Geothermal Research, vol. 178, no. 3, 2008, pp. 276-292.

Tatsuo Kaneko (Géologue) *"L'éruption volcanique massive de la caldeira de Kikai, datée d'environ 5300 avant notre ère, a eu de profonds effets sur le climat et les établissements humains de la région, démontrant les impacts considérables de l'activité supervolcanique."*
Kaneko, Tatsuo. "Impact of the Kikai Caldera Eruption on Prehistoric Human Activity." Bulletin of the Volcanological Society of Japan, vol. 53, no. 1, 2009, pp. 112-125.

Quand on a connu le fameux volcan islandais, Eyjafjöll qui a bloqué toute la circulation aérienne européenne en 2010, nous pouvons imaginer que ce super-volcan ait obstrué le ciel indien en impressionnant les populations. Bien sûr, nous n'avons pas de certitude, mais gardons ça en mémoire...

Voyons maintenant le Mythe de Shushna.

***

Shushna

Ce mot signifie torride, aride. Les sanskritistes indiens disent qu'il symbolise la sécheresse.

1.112.7 – Avec celles-ci, vous avez donné à Suchanti[1] richesse et foyer heureux, et la canicule brûlante supportable à Atri[2]. Avec celles-ci, vous

---

5 https://www.science-et-vie.com/nature-et-environnement/d-apres-cette-etude-la-plus-grosse-eruption-volcanique-de-l-histoire-a-eu-lieu-il-y-a-7300-ans-128108.html
6 https://www.bluewin.ch/fr/infos/faits-divers/un-supervolcan-au-japon-100-millions-de-personnes-menacees-63051.html
1 Un homme protégé par les Ashvins.
2 Un rishi. Litt : " le dévoreur ".

avez sauvé Prishnigu[1] et Purukutsa[2]. Venez Ô Ashvins, avec ces aides par lesquelles on obtient le Bonheur.

1.152.7 – Ô Dieux, Mitra et Varuna, avec nos hommages et nos plaisirs, recevez cette offrande qui procure la Satisfaction[3]. Que notre hymne nous rende victorieux dans les combats, que la Pluie divine nous aide à traverser[4].

Il est présenté comme un ennemi, à la tête d'une armée.

1.51.11 – Quand Indra est inspiré par les hymnes zélés, il monte sur son char tiré par ses deux Chevaux qui vont le plus vite possible. Le Puissant a répandu l'eau dans le lit de la rivière asséché et a détruit la ville fortifiée de Shushna.

2.19.6 – Soudainement, à son cocher, il a assujetti Shushna, le vorace qui crée de mauvaises moissons, à Kutsa, et Indra, pour Divodâsa, a détruit les quatre-vingt-dix-neuf villes de Shambara.

8.40.10 – Affûtez-le avec de bons hymnes vivants, lui l'impétueux, qui doit être célébré par des vers, et, maintenant, qu'il brise les testicules de Shushna, par sa force, et qu'il gagne les eaux célestes. Qu'ils tuent tous les autres !

Il y a 8200 ans (soit 6200 BCE), une sécheresse terrible, accompagnée d'un refroidissement brutal, a frappé tout l'hémisphère nord. La durée de cet évènement est estimée entre deux et quatre siècles. Il a provoqué d'énormes mouvements de population, partout dans l'hémisphère nord, allant jusqu'à dépeupler totalement certaines régions, et est probablement l'agent du déploiement du Néolithique. Gardons ça en mémoire….

" La période de refroidissement de 8200 ans BP[5] est l'un des événements climatiques soudains les mieux documentés de l'Holocène, caractérisée par une diminution rapide des températures de surface dans l'hémisphère nord et des changements significatifs dans les régimes de précipitations."

---

1 Un homme. Litt : " tacheté ".
2 Un rishi descendant d'Angiras.
3 Le Brahman.
4 Les épreuves de la vie.
5 BP : Before Present.

Alley, R. B., & Ágústsdóttir, A. M. (2005). The 8k event: cause and conse-
quences of a major Holocene abrupt climate change. Quaternary Science
Reviews, 24(10-11), 1123-1149.

" Des enregistrements paléoclimatiques indiquent que l'événement de
8200 ans BP a été marqué par une phase de sécheresse majeure dans de
nombreuses régions du monde, affectant les civilisations émergentes et
modifiant les paysages naturels ".
Rohling, E. J., & Pälike, H. (2005). Centennial-scale climate cooling with
a sudden cold event around 8,200 years ago. Nature, 434(7036), 975-979.

" Les variations climatiques survenues il y a 8200 ans, caractérisées par
un refroidissement marqué et une réduction des précipitations, ont été
identifiées à partir de multiples archives paléoclimatiques, y compris des
carottes de glace, des sédiments lacustres, et des cernes des arbres. "
Thomas, E. K., et al. (2007). Centennial-scale climate variability during
the Holocene in northwestern North America. Geology, 35(8), 681-684.

Néanmoins, les descriptions de sécheresses sont nombreuses, car une
autre sévira beaucoup plus tard, vers 2200 BCE, c'est-à-dire en pleine
phase mature de la civilisation. Nous y reviendrons.

4.25.7 – Indra n'est ami ni avec les riches, ni avec les avares, ni avec
ceux qui ne préparent pas le soma. Il aime les buveurs de soma. Il presse
pour obtenir la connaissance, et détruit la sécheresse. Il se manifeste ex-
clusivement au préparateur du soma.

4.28.5 – C'est très vrai, vous deux, Indra et Soma, vous avez arrosé le
vaste pâturage des Chevaux et des Vaches. Vous avez percé le rocher qui
asséchait les champs et vous l'avez vidé.

4.22.7 – Ici, bien sûr, Maître des rougeâtres, avec tes aides, les sœurs, les
déesses sacrifient, quand il a libéré les eaux qui avaient été chassées il y
a longtemps, pour qu'elles coulent le long de leur cours.

***

Shambara

Avec Shambara nous entrons dans une polémique. C'est ce mythe qui a
donné l'idée à Max Müller que les Indiens ne pouvaient pas avoir écrit

tous leurs livres, puisque les seuls à être civilisés étaient les occidentaux. Il a donc pensé que, puisque le sanskrit et les langues européennes étaient de même nature, c'était forcément parce que les occidentaux étaient venus apporter, par leur force et leur intelligence supérieure, le sanskrit, les dieux indiens, et toute la culture indienne.

Et tout ceci, bien sûr, justifiait la colonisation de l'Inde par les Britanniques. Il fallait remettre dans le droit chemin ces presque ancêtres, qui s'étaient mélangés aux races impures autochtones.

Shambara était le chef des Dasyus, les ennemis de Divodâsa[1], le roi des Bharatas, grand-père de Sudâsa qui s'illustrera plus tard dans la guerre des dix rois.

Shambara règne sur une centaine de " villes[2] " fortifiées. Indra aide Divodâsa à le combattre et à détruire ces villes.

1.130.7 – Pour les Pûrus, tu as détruit avec ta foudre quatre-vingt-dix places fortes[3], pour Divodâsa[4], ton grand serviteur, Ô Danseur, ton serviteur, avec ta foudre. Pour Atithigva[5], le Fort a amené Shambara[6] de la montagne vers le bas, distribuant les grandes Richesses avec sa Force, toutes les grandes Richesses avec sa Force.

2.14.6 – Prêtres, à celui qui, comme avec une pierre, a détruit les cent villes de Shambara, qui a mis à Terre les cent mille fils de Varcin[7], apportez ce soma à Indra.

2.19.3 – (Indra parle) Dans mon ivresse j'ai détruit les quatre-vingt-dix-neuf villes de Shambara et la centième, sa maison, toutes ensemble, quand j'ai aidé Divodâsa Atithigva[8].

---

1 " serviteur du Ciel ".
2 Le mot Sanskrit est Pura, qui aujourd'hui signifie ville. (Jaïpur, Udaïpur) mais qui peut aussi signifier : place-forte, forteresse, camp retranché....
3 Tout ce qui empêche l'Illumination.
4 Litt : " serviteur du Ciel ".
5 Litt : " invité par les Vaches ".
6 Un démon.
7 Un démon.
8 Litt : " chez qui l'on doit aller ".

Comme nous l'avons vu plus haut, Shambara est le chef des Dasyus (ou Dâsas).

Les Dasyus (ou Dâsas)

L'étymologie nous dit que ce mot vient de la racine *das* = épuiser, ou être en manque de…
Voilà les méchants, ceux qui n'ont pas de dieu. Ils ont tous les défauts, et bien sûr dans les métaphores spirituelles, ils représentent tout ce qui empêche l'illumination (haine, hypocrisie, jalousie etc.). en gros, pour un Ârya, ce sont des moins que rien.

10.22.8 – Le Dasyu est un fainéant, un ignorant, un non-humain, dont les règles sont autres. Toi le tueur d'ennemis, détruis l'arme du Dâsa.

1.51.8 – Connais la différence entre les Âryas et les Dasyus, punis ceux qui sont sans loi, envoie ceux qui veulent nous commander à la destruction du puissant qui sacrifie sur l'herbe sacrificielle. Sois satisfait rapidement des ivresses.

1.59.6 – Je dois invoquer maintenant la puissance de ce vigoureux dieu que les enfants de Pûru[2] associent au tueur de Vritra[3]. Agni, Vaishvânara, a chassé les Dasyus[4], les abjects, les impies, au loin dans différentes directions et dépecé Shambara.

Et puis, ces Dasyus ont la tare suprême pour nos occidentaux racistes[5] : ils ont la peau noire.

1.130.8 – Indra, dans les batailles, protège le Noble qui fait des sacrifices, celui qui a cent aides, dans tous les combats, dans tous les combats, il gagne la Lumière du Ciel. En vainquant les impies à la peau noire, punissant les ennemis de Manu. Habile, il brûle tous les cupides, il brûle les malveillants.

---

2 Nom de la confédération védique. Ils habitaient sur les deux rives de la Sarasvatî.
3 Obscurité. Tueur de Vritra : Indra.
4 Brigands, impies.
5 Au 19 ème siècle, tous les scientifiques qui se réclamaient de Darwin étaient sincèrement racistes. Pas forcément haineux, mais persuadés que tous ceux qui n'étaient pas blancs étaient inférieurs.

9.41.1 – Ceux qui nous soutiennent, sont venus, comme des Vaches, agiles, véhéments, ils se sont avancés, tuant ceux qui ont la peau noire.

Ce n'est pas tout, ces Dasyus, ou Dâsas, n'ont pas de nez ou pas de bouche[1].

5.29.10 – Tu as agrandi une roue du Soleil pour Kutsa, de l'autre, tu as fait de l'espace pour celui qui surmonte les difficultés. Tu as tué les Dasyus sans nez[2], par la violence, dans la maison, ceux qui ont une parole blessante.

Le combat a dû se dérouler facilement pour les Âryas car les Dasyus n'avaient ni chevaux, ni chars.

5.31.5 – Quand, pour toi le Taureau, les puissants et les pierres à presser t'honorent en harmonie avec Aditi, les jantes ont conduit Indra à écraser les Dasyus qui n'ont pas de Chevaux et qui n'ont pas de chars.

Et puis, de toute façon, ces Dasyus sont inférieurs[3].

1.101.5 – Celui qui est le Seigneur de ce qui bouge et qui respire, qui, dans le Brahman a trouvé en premier les Vaches, Indra qui a chassé les Dasyus inférieurs[4], c'est à lui que nous demandons l'amitié.

Ce mythe repose, comme les autres, sur des faits anciens. Pouvons-nous les rapprocher des catastrophes naturelles que nous venons de voir un peu plus tôt ?

S'agit-il de peuples du sud de l'Inde, qui seraient au nord à cette époque ? Cette thèse est soutenue par les militants Dravidiens[5].

Si nous acceptons ce mot " Krishna " qui signifie noir pour les Dasyus, alors il faut aussi admettre que parmi les Âryas, il y avait un rishi à la peau noire aussi : Krishna Angirasa, l'auteur de l'hymne 8.85 et du 10.31.

---

1 Le mot sanskrit *anasa* peut être traduit de deux façons,
2 Ou sans bouche. Les deux sont possibles.
3 C'est la seule fois où cette notion apparaît dans le Rig Veda.
4 Les Dasyus, étant les forces des Ténèbres, sont forcément inférieurs aux Âryas, qui sont les forces de la Lumière. C'est l'interprétation de ce concept au premier degré qui a donné le nazisme.
5 Ceux qui parlent une langue dravidienne.

On trouve aussi un certain Krishna dans le 1.116.23, dans 1.117.7. Il ne s'agit pas d'un Dasyu, mais d'un Ârya.

Selon B.B. Lal, l'ancien directeur de l'Archéologie Survey of India, les termes " Dasyus " et " Dâsas " étaient utilisés comme appellations communes pour tous les ennemis des Âryas. Il ne s'agissait pas de tribus spécifiques mais plutôt d'un terme générique appliqué à tout groupe opposé aux Âryas.

Cette idée semble être la plus vraisemblable, car le terme Dâsa s'applique aux ennemis d'Indra dans les mythes de Shambara, Shushna et Vritra, qui semblent être d'époques différentes.

***

La guerre des dix rois

Nous venons de voir les premiers mythes que nous trouvons dans tous les mandalas. Nous voyons bien, qu'ils nous parlent de faits très anciens. Des références à des individus dont nous ne savons rien. Qui attaque qui ? C'est difficile à dire. Rien n'indique clairement un quelconque déplacement de population. Ce qui ne veut pas dire qu'il n'y en a pas eu. Mais de là à en déduire la fable de l'invasion aryenne, il y a une marge.

Maintenant, entrons dans l'Histoire avec la guerre des dix rois. C'est la première guerre dont l'humanité ait une bonne mémoire. En effet, nous connaissons les protagonistes, les lieux des batailles et le nom des morts principaux.

7.19.9 – Ils sont venus jusqu'à la Parushnî, avec une intention, une mauvaise intention, n'approchant sûrement pas rapidement. Indra a soumis les ennemis, qui, bien que dans la société, parlaient mal et couraient vite devant Sudâsa.

Ce n'était probablement pas une guerre à la manière des guerres modernes avec des millions de combattants et des centaines de milliers de morts, le " progrès " n'avait pas encore frappé. Mais néanmoins, il y a eu deux batailles : une sur les rives de la Parushnî et l'autre sur la Yamuna.

7.19.14 – Les cent soixante mille[1] Anus et Druhyus, voulant des Vaches, se sont endormis. Soixante héros, dirigés par six d'entre eux, ont honoré toutes les actions réalisées par Indra.

7.19.19 – La Yamuna a stimulé Indra et les Tritsus. Il a battu, là, Bheda entièrement, et les Âjas, les Shigrus, les Yaksus, ont offert un tribut en frappant les têtes de Chevaux.

La raison serait la suivante, d'après les écrits plus récents. Le roi Sudâsa, petit-fils de Divodâsa, avait comme Purohita, comme chapelain, Vishva-

---

1 Ce chiffre n'est probablement pas à prendre à la lettre.

mitra[1] qu'il a remplacé par un autre : Vasishta[2]. Vishvamitra n'aurait pas apprécié d'être remplacé et aurait réuni les cinq peuples védiques, associés à cinq peuples non-védiques et auraient combattu les Bharatas pourtant issus de la fédération de Pûrus. Voici le nom de ces cinq peuples : Pûru, Yadu, Turvashas, Anu, et Druhyu.

Le Roi Sudâsa a gagné la guerre et a ensuite réuni les cinq peuples pour fonder le peuple Ârya. Ils seront rejoints par d'autres et finiront par s'étendre sur tout le sous-continent indien.

7.19.7 – Les Pakthas[3] et les Bhalânas ont crié vers les Alinas, les Vishanas, les Shivas : " les compagnons de fête des Âryas, qui ont des Vaches, nous ont conduit ici pour les Tritsus[4], pour unir les hommes[5] ".

7.33.3 – Maintenant, c'est sûrement avec eux qu'ils ont traversé l'Indus. Maintenant, c'est sûrement avec eux qu'il a tué Bedha[6]. Maintenant, c'est sûrement par vos mantras qu'Indra a favorisé Sudâsa contre les dix rois, Ô Vasishtas.

7.83.6 – Ces deux-là vous appellent dans les combats, Indra et Varuna, pour apporter les Richesses. Là, vous avez protégé Sudâsa, allié aux Tritsus, quand il était en difficulté contre les dix rois.

7.83.8 – Indra et Varuna, vous avez aidé Sudâsa qui était encerclé de tous côtés par les dix rois qui voulaient être puissants. Là, ceux qui portent une tenue blanche, les cheveux tressés et en chignon, par leur esprit perspicace, les Tritsus, ont voulu servir.

Cette guerre fratricide a marqué les esprits et probablement été à l'origine de la paix qui régnera plus tard, après elle, il n'y aura plus de nouveaux combats. Ceux que nous trouverons dans les mandalas plus récents seront toujours associés aux anciens mythes.

---

1 " ami de tous ".
2 " le plus riche, le meilleur ".
3 Ce peuple serait l'ancêtre du peuple Pachtoun. D'après Ka Ka Khel; Sayed Wiqar Ali Shah (2014). "Origin of the Afghans: Myths and Reality". *Journal of Asian Civilizations*. **37** (1): 189–199.
4 " Pour contrer les Tritsus " une branche des Bharatas.
5 Pour s'unir aux non-Âryas.
6 Litt : " celui qui déchire ".

Une question se pose : est-ce réaliste, qu'un roi, vainqueur de dix autres, réussisse à les unir[1] dans une même société autrement que par la force et la violence ?

Je pense avoir trouvé une réponse. Pas dans le Rig Veda, mais, dans le manava-dharma-sastra[2], plus connu en occident sous le nom des lois de Manu. Bien entendu, ce recueil de lois est plus récent, environ 1000 BCE, mais il reflète bien l'esprit des Nobles (Âryas).

7.201 Après avoir conquis un pays, que le roi honore les divinités qu'on y adore et les vertueux brahmanes ; qu'il distribue des largesses au peuple et fasse des proclamations propres à éloigner toute crainte.

Humilier un vaincu est toujours une mauvaise idée.

---

1 À unir les Âryas uniquement, pas les non-Âryas.
2 Traduction par A. Loiseleur-Deslongchamps. Forgettenbooks.com

Les autres guerres entre Âryas

Cette guerre des dix rois, entre Âryas et Âryas associés à des non-Âryas, n'a pas été la seule au cours des siècles qui ont précédé la construction des villes.

Des périodes troublées se sont sûrement succédées, peut-être dues à des arrivées de populations diverses. Quoi qu'il en soit, l'impression générale que j'ai ressentie[1], tout au long de la traduction, c'est que les Âryas n'étaient pas ceux qui attaquaient, mais ceux qui se défendaient, sauf, peut-être dans le Mythe de Shambara. Mais je peux me tromper.

Ces périodes troublées sont peut-être dues aussi à des évènements climatiques extrêmes comme les sécheresses ou à des catastrophes naturelles comme le volcan japonais et la grande sécheresse de 6200 BCE.

Voici quelques shlokas qui parlent de ces confits :

Le premier est extrait du plus ancien mandala.

6.44.17 – Enivré par celui-là[2], tue les ennemis, Ô Héros, qu'ils soient des parents ou des étrangers, les non-amis. Ceux qui ont des armes pointées sur nous, de l'autre côté de la rive, visant avec des projectiles, Ô Indra. Tue-les et détruis-les !

En voici deux autres, extraits du dernier mandala :

10.38.3 – Que ce soit le Dâsa ou l'Ârya qui voudra nous combattre[3], Ô Indra toi qui es beaucoup vénéré, que ces ennemis soient faciles à combattre. Avec toi, puissions-nous les vaincre dans le combat.

---

1 Mais, je peux me tromper.
2 Le soma.
3 Peut-être une allusion à la guerre des dix rois du septième mandala.

10.69.12 – Ceci est le feu de Vadhryashva[1], le tueur de Vritra, allumé depuis toujours, avec des hommages, pour celui qui doit être honoré. Tienstoi contre ceux qui nous défient, que nous soyons de la même famille ou que nous ne le soyons pas, Ô Vadhryashva[2].

Je n'ai pas trouvé énormément d'indices suffisamment clairs de ces guerres, en dehors de celle des dix rois, ce qui me fait penser que ces problèmes sont anciens et ne devait pas être fréquents.

---

1 Autre nom d'Indra.
2 Qui a des chevaux castrés.

La Spiritualité

Comme chacun le sait, le Rig Veda est la base de toute la spiritualité indienne, que ce soit pour l'Hindouisme, le Bouddhisme ou le Jaïnisme. Et cette raison apparaît à travers les métaphores, souvent guerrières, qu'il convient de décrypter.

Le sacrifice

Ce sont les occidentaux du 19 ème siècle qui ont choisi ce nom parce qu'au cours de cette " cérémonie ", un animal était tué et mangé, ensuite.

En sanskrit, il s'appelle Yajña, de la racine *Yaj* qui signifie, honorer, vénérer un ou des dieux. Un animal est bien tué au cours de ce sacrifice, mais le Rig Veda n'en parle quasiment pas. Cette pratique, venue directement du chamanisme, sera abandonnée un peu plus tard.

Notons quand même que, de nos jours, les sacrifices védiques continuent dans certains endroits de l'Inde. La mise à mort d'un animal se pratique toujours, occasionnant des problèmes de conscience parmi la population hindoue non-violente.

Toute la vie de la société tournait autour des sacrifices. C'était leur grande préoccupation. Les sacrifices pouvaient être publics ou privés. Ils pouvaient être menés par jusque seize prêtres. Plus le maître de maison était riche, plus son sacrifice devait compter de prêtres. Le résultat était le même, que l'on soit riche ou pauvre. Le but, c'était l'Illumination. L'embauche de prêtres n'était pas obligatoire, et le pauvre pouvait, s'il le désirait, faire un sacrifice chez lui, sans faire appel à qui que ce soit.

Les grands sacrifices publics, organisés par les personnages importants, pouvaient drainer des foules, notamment lors des Trikadrukas. Quand on voit, aujourd'hui, la Khumba Mela et les millions de personnes qui y assistent, on peut se faire une idée de ce que pouvaient être ces grands sacrifices.

2.11.17 – Pendant les puissants et réjouissants Trikadrukas[1], Ô Puissant, bois le soma, Ô Indra. Il te coule dans la barbe. Viens boire du jus de soma enivrant pour tes Chevaux bais.

2.22.1 – Pendant les Trikadrukas, le Grand, qui a une tête en forme de grain, celui qui hurle beaucoup, a bu le jus de soma avec Vishnu, à volonté. Le Grand s'est enivré pour faire sa grande et large action. Ainsi que le dieu s'unisse au dieu, le vrai Indra, le vrai Indu.

Les francophones ont la chance de disposer d'un travail formidable effectué par Willem Caland : l'Agnistoma[2] (en deux tomes). Paru en 1907, et disponible chez forgottentbooks.com, il décrit en détail à partir de vieux traités tels que les rituels de chantres, les rituels des Adhvaryus[3] et d'autres textes, toute la cérémonie de l'Agnistoma – l'éloge du feu – qui était le sacrifice type, à partir duquel d'autres, plus courts ou plus longs, se sont développés, comme le Jyotishtoma[4], par exemple. Il survenait, au minimum, une fois par an, à l'une des pleines lunes du printemps. Mais, il pouvait avoir lieu plus souvent.

1.94.4 – Nous apportons du combustible et préparons les offrandes, réunies pour toi à chaque quinzaine lunaire. Règle notre esprit pour prolonger notre vie ! Ô Agni, ne nous fais pas souffrir dans ton amitié.

Le sacrifice classique des maîtres de maison était offert par le couple de sacrifiants. Il durait cinq jours. Les quatre premiers étaient destinés à préparer l'esprit des sacrifiants. Cette préparation était indispensable pour que l'expérience soit positive.

Le premier jour, l'homme et sa femme étaient lavés, purifiés, ensuite l'homme était rasé de tous ses poils[5] et cheveux. La femme ne l'était pas, mais elle était lavée par un prêtre. Le terrain, sur lequel l'aire sacrificielle sera établie, était négocié par les prêtres. Ils construisaient des huttes, une pour l'homme, une pour la femme, une autre pour les prêtres, plus une cabane pour la charrette qui avait servi à apporter le soma.

---

1 Les trois premiers jours d'un grand sacrifice public.
2 " éloge d'Agni, éloge du feu, éloge de la Lumière, de l'Illumination ".
3 Des prêtres.
4 Éloge de la Lumière.
5 À l'exception des poils pubiens.

Ensuite, des quantités de rites et des mantras berçaient la finalisation de l'aire sacrificielle. Tous les mantras utilisés figurent dans le livre sur l'Agnistoma, sous forme de partitions, sans les notes de musique[1].

Le sacrifiant et sa femme ne mangeaient que du yaourt durant ces quatre jours. Ils n'avaient pas le droit de se gratter, s'ils désiraient les faire, ils devaient utiliser une corne d'antilope.

Le deuxième jour, ils achetaient les plants soma. Ceux-ci étaient achetés séchés. Le soma s'échangeait contre une vache. Le jour suivant, les plants étaient triés et dosés, le lendemain. Les plants de soma étaient alignés sur une peau d'antilope noire.
Pour dix-huit personnes, en cas de grand sacrifice – 16 prêtres plus les sacrifiants – la dose était la suivante : un empan, plus un empan moins un doigt, plus un empan moins deux doigts, plus un empan moins trois doigts. Au total, la ligne de plants de soma retenus faisait environ une coudée. Le quatrième jour, le soma était mis à " gonfler " dans un récipient plein d'eau toute la nuit.

La nuit précédant la consommation du soma, les sacrifiants et les prêtres ne dormaient pas. Ils passaient la nuit à jouer aux dés pour ne pas s'endormir.

Le cinquième jour, à l'aube, le sacrifice recommençait. Les prêtres allumaient les feux. Ensuite, ils prenaient la moitié des plants pour le pressurage du matin. Le reste était divisé en deux, pour les pressurages du midi et du soir.

Avant que le soleil ne commence à se lever, ils pressaient le soma, et le buvaient, tournés vers l'Est. Bien entendu, tout se déroulait avec des mantras tirés du Rig Veda. Ils étaient chantés, murmurés, psalmodiés selon des règles très précises. Parmi ces prêtres, le Brahman[2], supervisait l'ensemble et corrigeait les erreurs commises par ses collègues.

Mantras et rites se succédaient jusqu'à midi. Quand le soleil était au zénith, ils buvaient le jus du deuxième pressurage et recommençaient au coucher du soleil. L'expérience durait 18 heures. Ce qui est très long, mais nécessaire pour que tout soit réussi.

---

1 Hélas.
2 Ce mot, qui sert à beaucoup, est utilisé pour désigner un prêtre.

Le soma

Les premiers indianistes européens se sont arrachés les cheveux pour essayer de comprendre ce qu'était le soma. Certains y ont vu de l'alcool. Mais la plupart y ont vu des branches, des fagots, puisque le soma était apporté dans une charrette tirée par une vache. Plusieurs plantes ont été annoncées mais la plus grande partie des indianistes modernes y voient l'éphédra, une plante contenant une amphétamine. La variété indienne est une des plus puissantes au monde.

Le Rig Veda ne donne qu'une description succincte du soma : amshu. C'est-à-dire, fibre, filament. Et il ne parle jamais de fleurs, feuilles, graines ou fruit. Pas une seule fois dans tout le Rig Veda, il n'en est question.

Ephedra gerardiana

Or l'éphédra a des fleurs, et ses tiges ne sont ni des fibres, ni des filaments. D'autre part, l'effet de l'éphédra, qui entre dans la composition de la MDMA - l'ecstasy - n'a rien à voir avec celui du soma. Sa molécule est de la famille des amphétamines et non pas des tryptamines. Il ne peut pas aider à provoquer la non-dualité.

Et puis, prendre 3 fois dans la journée des amphétamines, c'est très mauvais pour la santé. Elles peuvent vraiment provoquer un AVC ou un arrêt cardiaque.

L'éphedra a de petites fleurs

Par contre, les psilocybes, comme tous les champignons sont composés de fibres solubles. Et ils contiennent jusqu'à 90 % d'eau. Une fois séchés sont très longs et très minces. Albert Hofmann, le découvreur du LSD, en a consommé dans le cadre de ses recherches et dit dans sa biographie[1] que dans les cinq grammes, qui constituent une dose, il avait 42 champignons séchés. Donc, ils sont très minces et fins et peuvent correspondre à am-shu. Et bien sûr, la molécule est une tryptamine.

1.142.1 – Apporte, Ô Agni, toi qui es allumé, les dieux aujourd'hui, pour celui qui tient la louche. Presse la fibre ancestrale pour les pieux qui pressent le soma.

2.13.1 – La saison[2] est la mère de cette plante de soma, qui, quand elle est née, est entrée rapidement dans les Eaux[3], la faisant croître. Elle était

---

1 LSD mon enfant terrible. L'esprit frappeur, Paris. 2003.
2 La saison des pluies, la mousson.
3 Symbole de purification et de flots de Lumière.

pleine de jus coulant. Le premier jus de la fibre est accompagné de mantras.

5.36.1 – Qu'il vienne ici, cet Indra, qui sait donner les richesses et les biens. Comme un buffle assoiffé qui parcourt le désert, qu'il boive l'extrait de la fibre jusqu'à satisfaire son désir.

3.19.2 – Je t'apporte l'offrande lumineuse qui a le pouvoir de donner la Lumière avec clarté. Me tournant vers la droite, choisissant l'assistance des dieux, puisse-t-il venir au sacrifice avec ses Dons et ses Richesses qui l'élargissent[1] totalement.

L'éphédra, mélangé au cannabis, additionné d'opium, était utilisé au Turkménistan dans la Civilisation des Oasis, dans le désert de Karakoum[2]. L'effet est très impressionnant, et l'on peut facilement créer une religion avec ce mélange. Mais, dans ce cas, nous restons dans la dualité, alors qu'avec le soma, ce n'est pas le cas. C'est la non-dualité.

Voici quelques shlokas qui décrivent les effets du soma.

---

1 Qui élargissent l'esprit.
2 Découverte faire par Viktor Sarianidi .

2.41.4 – Mitra et Varuna, ce jus de soma permet d'atteindre la Vérité. Écoutez ici mon invocation.

10.9.9 – Ô Eaux, aujourd'hui je suis venu m'unir à vous par le jus. Ô Agni, viens ici, plein de jus et coule pour nous unir à la Lumière.

9.113.11 – Là où se trouvent la béatitude, la plénitude, la jubilation, le bonheur, il s'assoit. Là, où l'on atteint les délices du désir, rends-moi immortel. Coule, alentour, pour Indra, Ô Indu.

1.4.2 – Viens à notre pressurage de soma, toi le buveur de soma, bois ! La riche ivresse donne vraiment la Lumière.

5.81.2 – Celui qui se tient dans les mondes, le soma immortel coule autour d'eux. Réalisant l'Union et la Libération, pour nous aider, les gouttes viennent après l'Aurore comme le soleil.

1.15.5 – Indra, bois le soma au moment favorable pour atteindre le Brahman[1]. Oui, ton amitié est invincible.

6.3.3 – Le jus de soma à l'apparence sans tache n'est pas terrifiant quand il apporte la méditation lumineuse, comme les puissantes gouttes[2]. Où celui-ci passe-t-il une charmante nuit dans une maison en bois[3] ?

8.48.3 – Nous avons bu le soma. Nous sommes devenus immortels. Nous sommes entrés dans la Lumière, nous avons trouvé les dieux. Que peut nous faire, maintenant, l'envieux ? Que peut nous faire la haine du mortel, Ô Immortel ?

1.191.12 – Promoteur de la Richesse intérieure, guérisseur de peine, généreux, développeur de bonheur. Ô Soma, tu es un bon ami pour notre existence.

Selon toute vraisemblance, le soma serait bien un psilocybe cubensis, un champignon contenant de la psilocybine. C'est, à ma connaissance, la seule plante enthéogène qui correspond à la description : fibre, filament, et qui n'a ni fleur, ni fruit, ni graine, ni feuille.

---

1 Sat-Cit-Ananda.
2 Gouttes de soma.
3 Allusion à la cabane construite le premier jour du sacrifice pour lui.

Psilocybes cubensis

Or la psilocybine est de la même famille que la diméthyltryptamine que nous produisons naturellement dans notre cerveau, dans l'épiphyse – la glande pinéale. Cette DMT[1] s'active par les différentes techniques de yoga, notamment le pranayama. Le professeur Stanislav Grof, un psychiatre tchèque, l'a démontré pendant des dizaines d'années en mettant au point la respiration holotropique[2]. Cette technique permet d'obtenir exactement le même effet que le LSD[3].

"La respiration holotropique peut catalyser des expériences qui sont indiscernables de celles induites par les substances psychédéliques, y compris le LSD."
Grof, S. (1988). L'aventure de la découverte de soi : Dimensions de la conscience et nouvelles perspectives en psychothérapie et exploration intérieure. SUNY Press.

"Au fil des ans, nous avons accumulé des preuves substantielles montrant que la respiration holotropique peut induire de manière fiable des expé-

1 Pour simplifier.
2 LSD Psychotherapy (4th Edition): The Healing Potential of Psychedelic Medicine Paperback – April 1, 2008 by Stanislav Grof (Author), Albert Hofmann (Introduction), Andrew Weil (Foreword)
3 The Ultimte journey Stnislav Grof 2006. Guy Tredaniel.

riences qui sont phénoménologiquement identiques à celles provoquées par les drogues psychédéliques."
Grof, S. (2000). La psychologie du futur : Leçons tirées de la recherche moderne sur la conscience. SUNY Press.

"La respiration holotropique peut faciliter des expériences qui se rapprochent étroitement de celles induites par le LSD et d'autres substances psychédéliques. Cela inclut la reviviscence puissante de la naissance, des expériences mystiques profondes, et des rencontres vivantes avec des figures archétypales."
Grof, S. (1993). L'esprit holotropique : Les trois niveaux de la conscience humaine et comment ils façonnent nos vies. HarperCollins.

Ayant fui le communisme, il s'était réfugié aux USA. En Tchécoslovaquie, il s'était spécialisé dans le traitement des schizophrènes. Grâce au LSD, il les faisait régresser jusqu'à leur naissance et revire les traumatismes qu'ils avaient connus au moment de l'accouchement. Il a développé, à partir de ses expériences, un concept de matrices périnatales[1], ainsi que la psychologie transpersonelle.

Il a continué son travail aux USA, jusqu'à ce que Richard Nixon, sous la pression des sectes fondamentalistes chrétiennes, se lance dans la guerre contre les psychédéliques, qui étaient légaux et l'objet de recherches médicales dans le domaine psychiatrique jusque-là.

Continuer son traitement devenait impossible. Il a donc mis au point sa respiration holotropique. Depuis, elle est pratiquée en Europe un peu partout légalement.

D'autre part, les études concernant les psychédéliques se multiplient en occident de nos jours. Même en France, où boire de l'alcool est considéré comme quelque chose de positif, et de valorisant[2], quelques études, très strictement encadrées, portent sur la Kétamine. En France, toute plante enthéogène est rigoureusement interdite sous peine de prison ferme, même le fait d'en parler positivement peut vous valoir un an de prison. Mais la Kétamine ne vient pas d'une plante enthéogène, et n'est pas de la famille des tryptamines.

---

1 Rencontre de l'homme avec la mort " Stanislav Grof & Joan Halifax – Editions du Rocher
2 Jusqu'en 1956, du vin rouge était servi aux enfants dans les cantines scolaires en France.

Dans plusieurs pays occidentaux, comme la Suisse, le Portugal, les Pays-Bas, le Canada, et une partie des États-Unis, les gens souffrant de problèmes de type dépression, mauvaise estime de soi, peurs injustifiées ... sont soignés avec des psychédéliques.

Une à deux prises suffisent, au grand désespoir des laboratoires pharmaceutiques qui préfèrent vendre des médicaments à prendre tous les jours. Business is business.

Voici quelques commentaires occidentaux sur ses effets :

" L'étude de Griffiths et al. (2008) a montré que l'administration contrôlée de psilocybine, un composé psychédélique présent dans les champignons magiques, induit des expériences mystiques profondes, caractérisées par un sentiment d'unité avec le cosmos et une expansion de la conscience. "

" Les recherches de Carhart-Harris et al. (2016) ont révélé que l'administration de la psilocybine induit des états de conscience altérée associés à des perceptions d'unité mystique et à des expériences transcendantes, suggérant un potentiel thérapeutique pour le traitement des troubles psychologiques. "

" Une étude récente menée par Barrett et al. (2021) a examiné les effets des psychédéliques sur la conscience et a constaté que les participants rapportaient des sentiments d'unité avec l'univers et une connexion profonde avec la nature après avoir consommé des substances comme le LSD et la psilocybine. "

" Les travaux de Griffiths et al. (2016) ont démontré que les expériences psychédéliques, induites par la psilocybine, peuvent conduire à des changements durables dans la perception de soi et du monde, en favorisant un sentiment d'unité et d'interconnexion avec tout ce qui existe. "

" Une méta-analyse de plusieurs études, réalisée par Tagliazucchi et al. (2016), a confirmé que l'usage contrôlé de psychédéliques peut déclencher des expériences mystiques et des perceptions d'unité chez les participants, offrant ainsi des perspectives nouvelles dans la compréhension de la conscience et de la spiritualité. "

Ajoutons que l'effet produit est curieusement proche de ce qu'ont ressenti les personnes ayant vécu une expérience de mort imminente. Voici quelques témoignages :

Betty Eadie - auteur :
" Lors de mon expérience de mort imminente, j'ai été accueillie par des êtres de Lumière qui m'ont montré la beauté et l'amour de l'autre côté. J'ai ressenti une paix et une joie qui dépassent tout ce que j'avais connu sur Terre. "
Eadie, B. J. (1992). Embraced by the Light. Gold Leaf Press.

Anita Moorjani - auteur et conférencière :
" Pendant mon expérience de mort imminente, je me suis sentie envelop-pée d'un amour inconditionnel. J'ai compris que tout ce que je pensais être important – comme la réussite professionnelle et les biens matériels – n'était rien comparé à l'amour et la compassion. "
Moorjani, A. (2012). Dying to Be Me: My Journey from Cancer, to Near Death, to True Healing. Hay House.

D'autre part, des expériences ont été réalisées en laboratoire et des images du cerveau, sous l'effet du LSD[1], ont été réalisées, montrant des connec-tions entre différentes parties du cerveau qui ne sont jamais en contact en temps ordinaire.

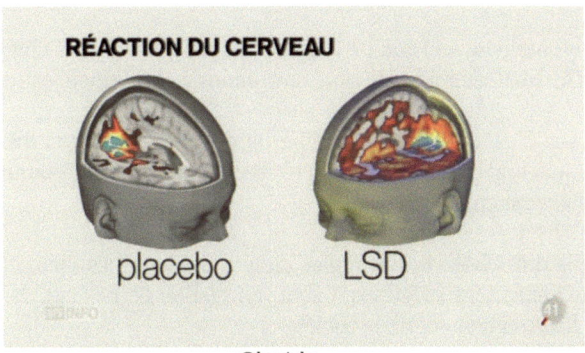

@lesoir.be

---

1 Le LSD est un dérivé de l'ergot de seigle dont les effets se sont fait connaître au Moyen-Âge, en Europe, sous le nom de : Mal des Ardents, en France, et Ergotism au Royaume Uni.

Nous pouvons donc affirmer, sans le moindre doute, que boire le soma n'était ni anodin, ni anecdotique. D'autant plus que les sacrifiants ne mangeaient que du yaourt pendant quatre jours et ne dormaient pas la nuit précédant la consommation du soma[1].

Boire le soma avait donc une importance considérable sur toute la société. La disparition de l'excès d'ego[2], chez tous les dirigeants de la société, fait aussi disparaître le sentiment de supériorité, la violence, la cupidité, le mépris et tout ce qui dresse les humains les uns contre les autres.

La société ne pouvait donc qu'être pacifique, tournée vers la spiritualité, vers le " vivre ensemble ", dans l'intérêt général.
L'archéologie le démontre largement : il n'y a pas la moindre trace de violence nulle part, ni dans les ruines, ni dans les représentations d'individus, ni sur les squelettes des cimetières. Pas le moindre monument à la gloire de celui-ci ou de celui-là, pas de bas reliefs montrant des prisonniers, ni de " valeureux guerrier ", pas d'étalage de luxe, non plus.

L'orgueil et la vanité ne figuraient pas au menu de la Civilisation des 7 Rivières .

Religion ou Spiritualité pure

Quand on parle de spiritualité à un occidental ordinaire, il comprend religion[3]. Or, bien entendu, il y a une énorme différence entre ces deux termes :
La religion c'est : il faut croire à un ou des dieux, avoir la foi. Sinon, ça va aller très mal pour vous. Vous rôtirez en enfer pour l'éternité ou vous serez réincarné en chien errant.

Le peuple doit observer des règles dictées par le ou les dieux. Ce sont de règles extrêmement strictes qui sont, en réalité, écrites par des hommes, pour le fonctionnement de la société.

---

1 Le jeune et la privation de sommeil, peuvent à eux seuls provoquer cette Illumination chez certaines personnes.
2 La disparition n'est pas définitive pour tous les individus. Pour ceux qui sont dotés d'un ego trop fort, comme les politiciens, un environnement adapté est indispensable, ou le renouvellement de l'expérience doit avoir lieu au strict minimum tous les ans.
3 Et en France, le mot "spirituel" signifie : avoir le sens de l'humour".

Dans le Rig Veda, à l'exception du 10 ème mandala, sur lequel nous reviendrons plus loin, l'équivalent des Tables de la Loi n'existe quasiment pas. En effet, vous ne trouverez nulle part, dans les neuf premiers mandalas, de règles de morales à suivre impérativement.

Voici une exception.

7.89.6 – Ce n'est pas de sa propre intelligence ni du mensonge, Ô Varuna, mais l'alcool, la stupidité, les dés, l'insouciance. Le plus jeune est une humiliation pour le plus vieux. Le sommeil n'est sûrement pas celui qui expulse l'erreur.

La pratique du sacrifice était suffisante pour que le couple de sacrifiant sache ce qu'il avait à faire sans avoir besoin de lois "divines", établies par des humains.

L'objectif à atteindre pour chacun

Le Rig Veda est la base de presque toutes les pratiques spirituelles indiennes : Hindouisme, Bouddhisme, Jaïnisme. Elles sont toutes basées sur le même principe : l'être humain peut prendre conscience de la Réalité Ultime au cours de sa vie.

Cette Réalité Ultime, dont on prend connaissance par ce que j'appelle Illumination, faute d'avoir trouvé un autre mot plus adapté, est appelée en Inde, Brahman et Nirvana chez les Bouddhistes. Mais hors de ces pays, nous ne trouvons pas de mots qui conviennent dans nos langues occidentales.

En Inde, cette Réalité Ultime s'appelle : le Brahman. Ce mot est venu de la racine *bṛh* qui signifie : grandir, augmenter…

C'était donc le but à atteindre pour chaque maître de maison. Ils n'en avaient pas l'exclusivité, loin de là. Chacun pouvait y accéder, mais les maîtres de maison y étaient tenus, puisqu'ils devaient prendre des décisions qui concernaient toute la population. Il était, évidemment, hors de question de donner les clefs de la société à quiconque avait un ego démesuré.

Les trois mondes

Contrairement à nous, occidentaux, les Âryas vivaient non pas dans un monde, comme nous, mais dans trois mondes en même temps : la Terre, le Ciel et le Monde Intermédiaire.

Les traducteurs occidentaux ont appelé ce dernier : l'Atmosphère. Oui, bien sûr que c'est ça, mais c'est beaucoup plus.

La Terre, c'est notre état d'esprit ordinaire. Celui de tous les jours. Le Ciel, c'est l'Illumination et le Monde Intermédiaire, c'est tout ce qu'il y a entre les deux.

Ce principe de division en trois se retrouve partout dans le védisme et ses descendants : Sat-Cit-Ananda, la trimurti, le trident de Shiva, les rois do-shas de l'Ayurveda, les trois gunas[1] qui créent la matière… Et même dans le christianisme que certains affirment être un descendant, indirect, du védisme[2] : le Père, le Fils et le Saint-Esprit….

Les expériences spirituelles, en dehors du fait qu'elles sont strictement intimes et personnelles, sont diverses et variées. Elles se passent toutes dans le Monde Intermédiaire, sauf l'Expérience Suprême, que nous ne pouvons pas décrire et encore moins expliquer, qui se déroule dans le troisième monde : le Ciel.

---

1 Qualités, au sens premier du terme.
2 Abraham résidait à Ûr, en Sumer, où se trouvait une forte implantation védique.

Fonctionnement de la société

Être riche donne du pouvoir. Les Maîtres de Maison étaient les riches de cette époque. C'était eux qui avaient le pouvoir. Ils devaient donc boire le soma. C'était **LA** règle, la seule règle des Âryas.

Et, bien sûr, une civilisation dont tous les maîtres de maison boivent un puissant psychédélique[1] régulièrement, ne peut pas être une civilisation ordinaire.

1.12.6 – Agni s'enflamme par Agni, jeune poète, maître de maison, il transporte l'offrande avec la cuillère de soma jusqu'à la bouche.

1.151.2 – Quand ceux-ci, les gens de Purumîlha[2], qui possède le soma, comme des amis vous ont donné la Connaissance, maintenant, il resplendit sur le chemin et, Ô Puissants, le maître de maison l'a entendu.

7.1.1 – Les hommes ont généré Agni, avec les flammes[3] de l'arani, par les deux mains actives et les récitations, les rendant visibles de loin, illuminant le maître de maison.

8.31.5 – Le couple maître de maison, unanime, presse et le fait couler, mélangé au lait, par eux-mêmes.

10.61.7 – Lorsque le père a sauté sur sa fille, s'unissant à elle, il répandit son flot sur la Terre. Les dieux ont généré le mantra, donnant une bonne Richesse, et ont sculpté le maître de maison, protecteur de la loi.

Quand ceux qui sont en charge de la société, s'intéressent principalement à leur spiritualité, il n'y a pas de guerre[4], pas de violence, pas d'inégalité flagrantes, pas de sous-humains, comme c'était le cas dans d'autres civilisations[5].

---

1 Avec un effet qui dure 18 heures.
2 " liquide abondant " : le soma.
3 Ou avec les étincelles de l'arani.
4 Ce qui est confirmé par l'archéologie. Aucune trace de guerre n'a été trouvée nulle part, à aucun niveau.
5 Et c'est, malheureusement, encore le cas, partout sur Terre.

1.100.9 – Avec sa main gauche, il contient les puissants, avec sa main droite, il maintient ensemble les actions. Il obtient des Richesses même pour les pauvres. Qu'Indra et les Maruts soient notre protection.

4.25.7 – Indra n'est ami ni avec les riches, ni avec les avares, ni avec ceux qui ne préparent pas le soma. Il aime les buveurs de soma. Il presse pour obtenir la connaissance, et détruit la sécheresse. Il se manifeste exclusivement au préparateur du soma.

Une civilisation spirituelle, dans laquelle il n'y a pas d'armée, pas d'esclave, pas de centralisation ni d'autoritarisme, est une civilisation tournée vers le bonheur de sa population. Les dirigeants, ayant dissous leur ego, n'ont aucune envie d'aller faire la guerre à leurs voisins et de générer la misère et la mort. En cas de conflit avec un peuple ou un autre, ou de problèmes internes, ils préfèrent la négociation et la discussion à la brutalité et la guerre.

La place de la femme

Cette civilisation ne pouvait pas être machiste. L'homme et la femme offrent le sacrifice ensemble. Les femmes boivent le soma comme les hommes. Elles ne sont pas reléguées dans la cuisine, ou considérées comme secondaires.

9.61.18 – Ô Purifié, ton jus est efficace. Il règne lumineusement. La Lumière est vue par tous et chacun.

9.38.4 – Celui-ci[1], comme un aigle, vole parmi les humains et s'assied dans les maisons, allant vers l'homme comme vers la femme.

5.46.8 – Que ces dames, les épouses des dieux le poursuivent[2], Indrânî, Agnâyî, Ashvinî. Que le Ciel et la Terre et Varunânî nous écoutent. Que les déesses poursuivent, c'est le temps des femmes.

10.159.2 – Je suis la Lumière, je suis la cheffe, je suis la puissante décideuse. Mon mari, que j'ai vaincu, doit suivre mon intention en obéissant.

Plusieurs femmes rishis ont composé des hymnes : Romasâ, Lopamudrâ, Apalâ, Kadrû, Visvavarâ, Ghoshâ, Juhû, Vagambhrinî, Paulomî, Yamî, Indranî, Savitrî, et Devajamî.

Donc, la femme n'était pas considérée comme inférieure et juste bonne à faire des enfants. Ce qui est en accord avec les autres petites civilisations, comme celle de Karakoum et celle de l'Oxus.

5.61.6 – Et une femme est plus fiable qu'un homme, s'il ne suit pas les dieux et est égoïste.

10.86.10 – Jusque-là, la femme était la compagne de l'invocateur, ou devait s'en aller. Maintenant elle est vue comme la femme de la vérité, pour être la sage maîtresse d'Indra, et c'est réjouissant. Indra est au-dessus de tout.

---

1 Le soma.
2 Poursuivent le sacrifice.

Même si l'homme est le chef de famille, la femme n'est pas maltraitée, ni soumise au puritanisme des hommes, comme c'est encore le cas aujourd'hui sur pratiquement toute la planète. Les statuettes trouvées dans les ruines montrent que les femmes, comme les hommes, vont poitrine nue. Ce qui démontre que régnait une large ouverture d'esprit.

6.64.2 – Heureusement, tu es apparue. Tu illumines de loin. Ta flamme et tes lumières se sont élevées vers le Ciel. Tu montres tes seins en progressant dans la beauté, déesse Aurore, dans les grandes splendeurs.

10.18.7 – Ces femmes, non-veuves, ayant un bon époux, maquillées[1] avec du beurre clarifié, qu'elles entrent ensemble. Sans larme, sans affliction, que les femmes s'élèvent vers le Trésor, dans l'ancienne matrice[2].

10.85.26 – Que Pûshan te conduise hors d'ici en te prenant la main. Que les Ashvins t'amènent dans leur char. Va à la maison puisque tu es la maîtresse de maison. Ce n'est pas lui, c'est toi qui as la connaissance.

10.85.27 – Prospère ici avec ta chère descendance, éveille-toi pour être la maîtresse de maison, dans cette maison. Libère ton corps avec ton mari, puisque vous annoncez l'ancienne connaissance.

10.85.45 – Fais que cette femme, Ô Indra le généreux, aie de bons fils, une bonne portion. Donne-lui dix fils. Fais de son mari, le onzième.

Il faisait bon être une femme dans la Civilisation des 7 Rivières.

---

1 Les yeux maquillés. Le beurre clarifié sert à tout en Inde.
2 Le Brahman.

Les mœurs

Connaître les mœurs d'une civilisation vielle de 4 millénaires dont l'écriture n'a pas été déchiffrée est quasiment impossible habituellement, mais grâce aux métaphores, nous allons pouvoir nous faire une idée.

Les funérailles

Si aujourd'hui les Indiens se font incinérer dans leur grande majorité, il y a certaines exceptions : les non-hindous, les très pauvres, qui sont directement jetés dans la rivière[1] faute d'avoir de l'argent pour payer le bois, et les sâdhus et autres renonçants. Ces derniers sont enterrés. Enterrés assis pour les sâdhus.

Dans le Rig Veda, ces deux formules étaient également appliquées.

10.16.1 – Ne brûle pas celui-ci, Ô Agni, ne l'afflige pas, ne détruis pas sa peau ni son corps. Quand tu le prépareras, Ô Jâtavedas, mais envoie-le plutôt, vers les Pères.

10.16.2 – Quand tu l'auras brûlé, alors, Jâtavedas, envoie-le vers les Pères. Quand il ira vers une autre vie, alors il sera celui qui accomplit la volonté des dieux.

Comme vous pouvez le constater, le dernier shloka cité ici fait une allusion à une autre vie. Probablement à une réincarnation. Ceci est confirmé dans ces autres shlokas :

10.14.12 – Les deux messagers de Yama, jouissant de la vie des autres, aux pouvoirs étendus, courent après les gens. Qu'ils nous donnent de nouveau une vie pour que nous puissions voir le soleil et aujourd'hui, ici, le bonheur.

---

1 Aujourd'hui, toutes les rivières sont des déesses, et donc c'est bon pour le karma du pauvre, qui renaîtra moins pauvre.

10.15.14 – Ceux qui ont été brûlés par Agni, et ceux qui ne l'ont pas été, s'enivrent au milieu du Ciel, par la svadhâ. Avec eux, en tant que roi souverain, guidant la vie[2], adapte ton corps, comme tu le veux.

10.18.4 – J'ai placé cet enclos pour les vivants. Que personne n'y aille plus tard, quelle que soit la raison. Qu'ils ressuscitent pour cent automnes complets et cachent la mort par une montagne.

Notons au passage, que ces shlokas sont extraits du 10 ème mandala. Nous y reviendrons plus loin.

La sexualité

C'est assez rare, dans une étude de livre sacré de trouver un passage sur la sexualité. Mais, comme nous venons de le voir un peu plus haut, la société n'était ni machiste, ni pudibonde. Alors, essayons d'en savoir plus.

Une chose est sûre : nous l'avons vu plus haut à propos des statuettes, la pudibonderie n'existe pas encore. La sexualité n'est pas un tabou comme ça l'est encore de nos jours. Elle ne semble pas poser de problème, ni aux hommes ni aux femmes.
Dans ce shloka, Indranî – femme d'Indra et/ou son aspect féminin – parle :

10.86.6 – Aucune femme n'a de plus belles fesses ou n'est plus sexy que moi. Personne n'est plus agréable à serrer, ni ne lève les cuisses aussi haut que moi. Indra est au-dessus de tout.

Les métaphores sexuelles sont nombreuses. En voici une adressée à Soma Pavamana (purifié).

1.28.2 – Là, où les deux parts du mortier sont comme deux fesses, Indra, avale le jus sorti du mortier.

Même les hymnes à l'Aurore en contiennent :

2Vers une autre vie.

1.123.10 – Dans le triomphe de la grâce, tu vas comme une Jeune Femme, Ô Déesse, vers le dieu qui s'approche en te désirant. Et, souriante Jeune Femme, tu resplendis devant lui, dévoilant tes seins.

5.80.6 – Elle, la fille du Ciel, tournée vers les hommes, laisse déborder sa poitrine, comme une jeune fille heureuse, dévoilant ses trésors au pieux. La jeune femme a créé la Lumière comme avant.

Nous l'avons vu plus haut : le maître de maison est marié. Il assiste au sacrifice avec sa femme qui boit le soma tout comme lui. Mais, la bigamie existe, au moins chez les rois.

7.18.2 – Car, tu habites vraiment comme un roi avec ses femmes, le long des jours dans la sagesse, Ô visionnaire. Aiguise l'hymne dans sa préparation avec des Vaches et des Chevaux, pour la Richesse, pour nous qui allons à toi.

7.18.22 – Deux cents têtes de bétail du petit-fils de celui qui chante les dieux, deux chars amènent les femmes de Sudâsa. Méritant le don de Pajavana[1], assis comme l'invocateur autour, je m'en vais, le célébrant.

7.26.3 – Il les[2] a faits, il en fera d'autres. Que les vertueux le disent parmi les pressurages. Comme un mari seul avec ses femmes, Indra a purifié de la même façon les villes, ce qui est bon pour tous.

8.2.42 – Et il m'a donné ses deux petites-filles[3], pleines de sève de plaisir, pour être mes femmes.

1.105.8 – Comme deux épouses rivales enferment les côtes de chaque côté, elles me brûlent. Les soucis me dévorent, moi qui te chante, comme un rat qui me mange la verge, Ô Shatakratu[4]. Ciel et Terre, comprenez mon malheur.

1.105.4 – Immobile dans l'assemblée, le Puissant est assis entre le Ciel et la Terre, le bien heureux. Les deux Vaches, coépouses, indemnes, ne

---

1 Un ancêtre de Sudâsa.
2 Les actes. Actions.
3 Probablement le Ciel et la Terre ou la Nuit et l'Aurore..
4 Litt : " qui a fait cent actions " ou " qui a cent intentions ".

vieillissant pas, sont unies dans le pressurage de celui qui fait de grandes enjambées[1].

Il semble que dans le dixième mandala, qui a été ajouté pendant l'époque post-soma, la bigamie soit devenue plus fréquente, ce qui provoque des conflits :

10.145.1 – Je creuse cette plante qui pousse la plus forte avec laquelle elle chasse les coépouses, avec laquelle elle garde son mari.

10.145.2 – Toi, à la belle apparence, produite par les dieux, puissante, je souffle au loin ma coépouse. Qu'elle fasse que mon mari soit uniquement à moi.

10.159.6 – Je les ai complètement conquis, moi, j'ai vaincu les coépouses, puisque je suis la reine de mon mari et du peuple.

Les relations sexuelles hors mariage existaient-elles ? Certains indices le laissent penser. Quand il s'agit du mari, le mot est *pati* qui signifie, époux, mais aussi seigneur, maître. Mais de temps en temps le Rig Veda parle d'amant.

1.152.4 – Nous observons l'amant[2] des jeunes femmes s'avancer et ne tombant pas raide-mort, portant un vêtement large se propageant alentour, la demeure favorite de Mitra et Varuna.

3.33.10 – (Les Rivières parlent) Oui, nous écoutons tes paroles, Ô Artisan, tu es venu de loin avec un char imposant, comme la femme qui allaite s'incline devant toi, comme la jeune fille s'ouvre à l'homme pour toi.

4.19.7 – Il a fait couler les jeunes femmes vierges et célibataires, connaissant la vérité, comme des jaillissements[3]. Il a arrosé les plaines désertes. Indra a satisfait leurs désirs d'avoir un bon mari.

9.32.5 – Les Vaches se sont réjouies ensemble comme la jeune fille le fait avec son amant, comme s'il allait participer à un combat.

---

1 Le Soleil, ou Vishnu.
2 Le Soleil.
3 Jaillissement des eaux.

Et puis, il semble aussi qu'il y ait une certaine fantaisie dans les rapports sexuels[1].

10.101.11 – L'animal de trait va entre les deux mats, comme celui qui a deux femmes dans son lit. Faites que le maître de la forêt se tienne dans le bois. Placez-le en bas, sans creuser la source.

Quoi qu'il en soit, ces métaphores sont nombreuses. Si certaines sont aisément compréhensibles, ce n'est pas le cas de toutes.

9.112.4 – Le Cheval la tire[2] et la stimule, le char roule vite, la grenouille s'amuse, le pénis cherche la fente poilue. Coule alentour pour Indra, Ô Indu.

8.1.34 – Son membre épais est devenu visible, devant, pendant le long de sa cuisse. Sa femme, le voyant, dit : " Ô Noble, tu apportes une glorieuse nourriture ".

10.101.12 – Le pénis, élevez le pénis, Ô Hommes. Stimulez-le et copulez pour gagner la Force. Stimulez le fils de Nishtigrî[3], pour de l'aide. Stimulez Indra pour boire le soma, ici.

L'inceste existe aussi, et ne semble pas bien vu par les dieux. Notons, quand même, qu'il n'y a pas d'interdiction autoritaire à la manière monothéiste.

10.61.6 – Quand ce qui doit être accompli en était à son milieu, le père, libidineux, faisait l'amour à sa jeune fille. En se séparant, ils abandonnèrent un petit flot ayant aspergé le dos et dans la matrice.

10.10.7[4] – (Yamî parle) Le désir de Yama, mon jumeau dans la matrice, m'est venu d'être ensemble dans le même lit. Comme la femme pour son mari abandonne son corps, nous pourrions nous déchirer comme les deux roues d'un char.

---

1 N'oublions pas que l'Inde est le pays du Kama-Sutra.
2 Tire la charrette ou la charrue.
3 Nom de la mère d'Indra.
4 Cet hymne est un dialogue entre deux jumeaux, un garçon et une fille.

10.10.8 – (Yama parle) Les espions des dieux qui viennent ici ne sont pas immobiles. Ils ne ferment pas les yeux. Avec un autre que moi, un lubrique, va vite pour vous déchirer comme deux roues de char.

Le divorce existe aussi dans cette société à l'esprit ouvert, mais il ne devait pas être fréquent, car les allusions ne sont pas nombreuses.

10.95.12 – (Purûravas) Quand le fils que j'ai engendré désirera-t-il son père ? Quand une larme roulera-t-elle, comme une roue, en me reconnaissant ? Quand un couple est-il séparé alors que le feu brille chez les beaux-parents ?

L'alcool :

La consommation d'alcool existe aussi, mais n'est pas bien considérée.

8.2.12 – Les buveurs qui s'enivrent se battent, comme s'ils avaient l'alcool dans le cœur. Ils vieillissent comme des seins asséchés.

7.86.6 – Ce n'est pas de sa propre intelligence ni du mensonge, Ô Varuna, mais l'alcool, la stupidité, les dés, l'insouciance. Le plus jeune est une humiliation pour le plus vieux. Le sommeil n'est sûrement pas celui qui expulse l'erreur.

8.21.14 – Tu sais que personne ne peut être riche pour être un ami, ceux qui boivent de l'alcool t'injurient. Quand tu fais du bruit, quand tu les pousses, tous ensemble, tu les appelles comme un père.

L'alcool, qui est la drogue des occidentaux, stimule la violence. Heureusement, il ne devait pas être fréquent, car c'est une société résolument pacifique.

8.114 – Nous nous sommes toujours considérés comme des calmes et non violents, et, d'un coup, par ta grandeur, par ton abondance, Ô Héros, nous nous réjouissons toujours des éloges.

*8.1.20 – Moi qui te le demande toujours avec mon hymne, désirant le so-
ma, ne me laisse pas me fâcher comme un tigre sauvage pendant les pressurages. Qui ne demande pas la puissance ?*

Le jeu est aussi une puissante addiction et il est déconseillé dans l'hymne
10.34, dont voici quelques shlokas qui en parlent.

*10.34.2 – Elle ne s'est jamais fâché contre moi ni ne s'est mise en colère.
Elle était bienveillante pour mes amis et pour moi. Moi, à cause d'un dé,
pour le point le plus important, j'ai rejeté la femme qui m'aimait.*

*10.34.3 – Ma belle-mère m'a haï, ma femme m'a rejeté : celui qui a be-
soin d'aide, ne trouve personne pour lui montrer de la compassion.
" Nous avons compris qu'un joueur n'a pas plus de valeur qu'un vieux
Cheval ".*

*10.34.6 – Le joueur va à l'assemblée, gonflant son corps, en se deman-
dant, vais-je gagner ? Les dés vont contre son désir, favorisant les lan-
cers de ses adversaires.*

La viande :

Nous avons vu qu'un animal était tué lors des sacrifices. Il était mangé
pendant ou après le sacrifice.

*1.162.10 – Quand les aliments non digérés fument à partir du ventre et
l'odeur de chair crue, c'est que le boucher a bien fait son travail. Qu'ils
cuisent bien la viande !*

*1.162.12 – Ceux qui voient le Cheval cuit l'enlèvent et l'offrent aux dieux,
et ceux qui demandent de la viande attendent sur le côté l'approbation.
Que l'on nous serve !*

*1.162.18 – Les trente-quatre côtes du puissant Cheval rapide, parent des
dieux, sont tranchées par la hache. Découpez soigneusement le corps,
faites-le pièce par pièce, et récitez à haute-voix.*

Mais, dans le dixième mandala on trouve ce shloka qui laisse entendre
que le végétarisme n'est pas loin.

10.28.11 – Les tendons ont été arrachés du pied, par ceux qui injurient les Brahmanes, pour leur nourriture. Ils mangent des bœufs réformés entiers, brisant eux-mêmes les forces de leurs corps.

Les Eunuques

Les eunuques existaient. Ils étaient même mariés. Mais nous n'en savons guère plus.

10.33.6 – Ils se sont mis en route, désirant la bataille, contre l'armée de l'irréprochable Indra, encouragé par les Navagvas[1]. Comme des eunuques castrés, ils s'enfuirent par les chemins escarpés devant Indra, le héros viril.

1.116.13 – Dans le grand rite qui a été offert, Ô Nâsatyas, vous, seigneurs aux nombreuses Richesses, elle vous a appelé, Vous avez entendu la femme de l'eunuque comme un ordre, et, Ô Ashvins, vous lui avez donné un fils : Hiranyahasta[2].

La Richesse matérielle

Nous avons vu dans la première partie de cet ouvrage qu'il ne semblait pas qu'une grande inégalité régnait entre les membres de cette civilisation. Bien sûr, certains étaient plus riches que d'autres, c'est la nature qui veut ça. Mais l'enrichissement n'était pas la priorité absolue comme c'est le cas de nos jours.

1.100.9 – Avec sa main gauche, il contient les puissants, avec sa main droite, il maintient ensemble les actions. Il obtient des Richesses même pour les pauvres. Qu'Indra et les Maruts soient notre protection.

4.25.7 – Indra n'est ami ni avec les riches, ni avec les avares, ni avec ceux qui ne préparent pas le soma. Il aime les buveurs de soma. Il presse pour obtenir la connaissance, et détruit la sécheresse. Il se manifeste exclusivement au préparateur du soma.

---

1 Littéralement " allant par neuf ". Descendants d'un des premiers rishi : Angiras.
2 Litt : " main d'or ".

Les sâdhus

Les sâdhus, de type naga baba – ascète nu – font leur apparition dans le dixième mandala :

10.136.1 – Le chevelu porte le feu. Le chevelu porte ce qui agit vite[1]. Le chevelu porte le Ciel et la Terre. Le chevelu porte le Soleil qui est vu par tous. Le chevelu s'appelle Lumière.

10.136.2 – Les ascètes, ceinturés de vent, s'habillent de cendre[2], ils suivent la Force du vent[3] quand les dieux sont entrés en eux.

Ils ne fument pas encore le chilum, mais boivent le bhang.

10.136.7 – Vâyu l'a broyé pour lui, Kunannama l'a écrasé[4] fermement quand le chevelu a bu ce qui agit vite avec Rudra[5].

---

1 Il s'agit d'une boisson. Ce mot est habituellement traduit par poison, venin, mais là, il semble s'agir du Bhanga, une boisson traditionnelle indienne à base de cannabis dont les ascètes sont friands.
2 Les ascètes, notamment les naga babas, se couvrent de cendre. Le mot sanskrit malâ est habituellement traduit par poussière, saletés.
3 Ils errent, sans attache.
4 Le cannabis est écrasé entre deux pierres, et copieusement arrosé d'eau, jusqu'à former une sorte de bouillie qui est mélangée au lait, à l'eau et de nos jours au lassi.
5 Rudra est l'ancien nom du dieu Shiva, seigneur du Bhanga.

La Civilisation des 7 Rivières

Sécheresse et pénurie de soma

Comme nous l'avons vu quand nous avons étudié les mythes, les sécheresses n'ont pas manqué dans la longue histoire du Rig Veda. Mais celle qui nous intéresse maintenant, c'est celle de 2200 BCE.

Cette sécheresse est très documentée, probablement parce qu'elle est plus récente et qu'elle a frappé toute la zone intertropicale, et surtout, parce qu'elle a gravement perturbé plusieurs civilisations : l'empire égyptien, la civilisation akkadienne en Mésopotamie et la Civilisation de 7 Rivières entraînant des déplacements de population.

" *La civilisation de l'Indus, qui prospérait dans ce qui est aujourd'hui le Pakistan et le nord-ouest de l'Inde, a été gravement affectée par cette sécheresse. Les preuves archéologiques suggèrent une migration vers l'est et une dépopulation des grandes villes comme Mohenjo-daro et Harappa. La réduction des précipitations aurait conduit à la diminution des ressources en eau et des rendements agricoles, déstabilisant ainsi les bases économiques de la civilisation* ".
(Pal et al., 2019, National Center for Biotechnology Information).

Elle a fait partie d'un dérèglement climatique majeur qui aurait duré jusqu'en 1900 BCE et aurait persisté entre vingt ans et un siècle selon les études, entraînant un refroidissement général. Elle aurait achevé la désertification du Sahara, qui avait déjà souffert quelques millénaires plus tôt, comme nous l'avons vu dans les mythes.
Le refroidissement et le manque de pluie a entraîné des perturbations dans le système fluvial de la zone que nous étudions.

" *Les grands fleuves comme l'Indus et les affluents en Iran ont vu leurs débits fortement réduits, impactant l'irrigation et la navigation, essentiels pour le commerce et la survie des populations*".
(Schuldenrein, 2008, Bioscience).

Bien entendu, qui dit sécheresse, dit aussi absence de pluie.

" *Les régions de l'Iran moderne, notamment la plaine de l'Helmand, ont également subi les effets de cette sécheresse. La réduction des pluies a af-*

fecté les cultures et les pâturages, perturbant les modes de vie nomades et agricoles. "
(Gangal et al., 2010, Vegetation History and Archaeobotany).

Cette sécheresse et les perturbations ont généré des migrations et des réorganisations de sociétés.

" La raréfaction des ressources a forcé des populations à migrer vers des régions plus fertiles ou à s'adapter à des conditions plus arides. Cette période est marquée par des changements sociaux significatifs, y compris la réorganisation des communautés et la modification des structures économiques ".
(Staubwasser et Weiss, 2006, Quaternary International).

La faune et la flore ont bien évidemment souffert de cette situation.

" La perturbation écologique due à cette sécheresse a provoqué des déséquilibres dans la faune et la flore, affectant la subsistance des populations et les forçant à adapter leurs modes de vie. "
(Weiss et Courty, 1993, Quaternary Research).

Néanmoins, les exportations n'ont pas cessé, comme nous l'avons vu dans la première partie. Une bonne irrigation, grâce aux rivières, même affaiblies, a limité les dégâts.

Et puis, si vous n'avez pas de pluie, vous n'avez pas de champignons. C'est aussi simple que ça. Le soma a donc manqué. Bien sûr, il devait pleuvoir de temps en temps sur les chaînes de montagnes comme l'Himalaya ou l'Hindukush, mais ce n'était pas suffisant pour produire suffisamment de champignons pour cette civilisation, dont la population était au moins de cinq millions d'individus.

Même si tous les habitants ne buvaient pas le soma, tous les dirigeants de la société et les familles riches, c'est-à-dire tous ceux qui ont du pouvoir, le faisaient régulièrement, il y eut une sérieuse pénurie.
Alors, ils ont cherché à remplacer les champignons par d'autres plantes.

" Au fil des siècles, la connaissance de la plante de soma a été complètement perdue, et les rituels indiens reflètent cela, comme dans les prières expiatoires qui présentent des excuses aux dieux pour l'utilisation d'une

140

plante de substitution (comme la rhubarbe) en raison de l'indisponibilité de Soma. À l'époque des Brahmanas (800 avant notre ère), des substituts supplémentaires pour la plante mentionnée dans les Vedas avaient été évoqués, y compris des variétés de lianes, d'herbes et de fleurs ".
https://www.newworldencyclopedia.org/entry/Soma

" L'érudit ayurvédique Sushruta mentionne 24 plantes Soma, poussant sur les lacs himalayens et nommées d'après les mètres védiques. Il mentionne également 18 autres plantes semblables au Soma, qui sont principalement des herbes nerveuses ".
https://www.vedanet.com/the-secret-of-the-soma-plant/

" L'Atharva Veda (AV XI.6.15) mentionne cinq plantes puissantes dont le Soma est la meilleure, incluant la marijuana, l'orge et le darbha (kusha ou durva), montrant que de nombreuses plantes avaient des qualités similaires au Soma ".
https://www.vedanet.com/the-secret-of-the-soma-plant/

Le soma poussait dans les montagnes. Il était récolté par les paysans qui le revendaient à un marchand. Il mettait les plants à sécher et descendait dans la plaine pour approvisionner les sacrifices.

Mais le fonctionnement de la société nécessitait de grandes quantités de champignons. Comme ils avaient quasiment disparu, ils ont utilisé des plantes différentes sans pour autant obtenir les mêmes effets.

Il est indispensable de prendre des plantes contenant une molécule de la famille des tryptamines. Et les plantes de substitution, même si, quand elles produisent des effets psychoactifs, nous laissent dans la dualité.
L'exemple le plus saisissant est ce mélange que l'archéologie nous a donné, en trouvant dans la civilisation de Karakoum (civilisation des Oasis) lors de fouilles au Turkménistan par Viktor Sarianidi : éphédra, cannabis et bogue de pavot.

Le pavot peut faire partie de ce mélange pour calmer les effets négatifs des alcaloïdes proches des amphétamines contenues dans l'éphédra.
Le mélange amphétamine et cannabis est bien connu. L'effet est impressionnant et l'on peut avoir des expériences mystiques puissantes[1]. Mais

---

1 Mais, les amphétamines sont des produits extrêmement dangereux pour la santé, et très addictifs.

nous restons dans la dualité, alors qu'avec le soma, il n'y a pas de dualité. C'est la non-dualité.

" *Les expériences induites par les psychédéliques peuvent parfois ressembler étroitement aux formes les plus avancées de la méditation et de la contemplation spirituelle, notamment dans leurs aspects de non-dualité et de dissolution du sens du soi.* "
Roland R. Griffiths, professeur de psychiatrie et de comportement.

" *Sous l'influence de substances psychédéliques, les personnes peuvent faire l'expérience d'un sentiment de fusion avec l'univers, d'une conscience accrue de la dimension spirituelle de l'existence, d'une disparition du sens du soi individuel - des phénomènes similaires à ceux rencontrés dans les traditions contemplatives orientales.* "
Huston Smith, philosophe et auteur spécialiste des religions.

" *Les recherches montrent que les psychédéliques peuvent permettre d'accéder à des états de conscience non-duelle et transpersonnelle, avec une diminution marquée du sens du soi et de l'ego, comparable à ce que l'on observe chez les adeptes expérimentés de la méditation.* "
Roland Griffiths, département de psychiatrie et de comportement, Université Johns Hopkins.

Le dixième mandala

Le neuvième mandala qui concluait la précédente compilation, est entièrement consacré au soma, au dieu Soma. C'est le seul de tout le Rig Veda qui soit consacré à un seul dieu. Il contient des hymnes de toutes les époques et de toutes les familles de rishis. Tout comme le huitième, il ne commence pas par un hymne à Agni.

Le dixième, ajouté après la pénurie de soma, est composé, en partie, par des familles de rishis inconnus des autres mandalas. Le vocabulaire est, lui aussi, différent. Les mots qui ne sont trouvés que dans ce mandala sont très nombreux.

D'après l'hymne 10.75, celui qui donne la liste des rivières, il a été composé avant l'assèchement de la Sarasvatî, qui coule toujours, et après celui de la Drishadvatî, qui n'y est pas mentionnée.

191 hymnes

Le dixième mandala tranche nettement avec les autres. Il contient 191 hymnes, comme le premier mandala. Pourquoi ce nombre ? Les compilateurs définitifs du Rig Veda n'ont pas choisi ce nombre au hasard. Il a forcément une signification, mais laquelle ?

Dans ce mandala, nous constatons qu'une foule de renseignements y figurent, comme si les compilateurs avaient voulu ajouter des renseignements " techniques " sur la société de l'époque.
En effet, même si les hymnes parlent toujours du soma et des sacrifices, nous pouvons constater qu'ils abordent de nombreux sujets qui n'ont plus rien à voir avec la pratique spirituelle : l'inceste, l'addiction aux jeux, la rivalité entre coépouses, la consommation d'alcool, les mariages, les funérailles etc.

Pourquoi ces hymnes qui sont destinés à être chantés, déclamés ou murmurés dans les sacrifices sont-ils dans ce dernier mandala qui a été ajouté bien après les neuf premiers ?
Ce qui vient immédiatement à l'esprit, c'est que le Rig Veda est un ensemble destiné à être transmis aux générations futures, alors que la civilisation commence à décliner.

Nous avons vu que la Drishadvatî ne coule plus, mais la Sarasvatî, oui, elle coule encore. Cette dernière avait deux affluents principaux : La Shutudrî – la Sutlej, aujourd'hui – et la Drishadvatî - la Chautang, aujourd'hui. Celle-ci recevait la Yamuna, un de ses affluents, qui a été détournée vers l'Est à la suite d'un tremblement de Terre, comme cela arrive souvent dans l'Himalaya.

La Shutudrî, par contre coule toujours. Et elle coule toujours aujourd'hui, mais, elle est devenue un affluent de l'Indus à la suite d'un tremblement de Terre. Son ancien lit a été identifié par satellite[1].

Alors, lors de la rédaction de l'hymne 10.75, dans quelle rivière se jetait-elle ? Dans la Sarasvatî, ou dans l'Indus ?

Des études géologiques menées au Pakistan ont démontré que le cours de la Sutlej – la Shutudrî – avait été dévié entre 1700 et 2000 BCE. Elle se jetait dans la Ghaggar – la Sarasvatî – avant d'être détournée[2].

Comme nous avons une démonstration que l'hymne a été composé vers la fin de la Civilisation des 7 Rivières, avant 1900 BCE, nous pouvons estimer qu'elle coulait toujours dans la Ghaggar-Sarasvatî quand l'hymne a été composé. Ce qui est logique, puisque c'est la disparition des affluents de la Sarasvatî qui l'a asséchée. Et comme la Drishadvatî n'est pas mentionnée dans l'hymne aux rivières, il ne restait plus que la Shutudrî – Sutlej – pour l'alimenter.

Quant à l'assèchement de la Drishadvatî, nous n'avons qu'une citation avant ce dernier mandala. Elle n'est mentionnée directement que dans le troisième :

3.33.4 – Il t'a installé dans l'enceinte de la Terre, au siège de Ilâ, dans la Lumière des jours. Ô Agni, brille richement dans les Hommes, dans la Drishadvatî et dans les flots de la Sarasvatî.

Et indirectement dans le 1.152, le mandala qui contient des hymnes de plusieurs époques. Entre elle et la Sarasvatî se trouvait le Brahmavarta – le pays du Brahman – dans lequel se serait déroulée la bataille du Kurukshetra, celle du Mahâbhârata, un peu plus tard, semble-t-il.

---

1 Voir Michel Danino : On the trail of the lost river. Penguin books.
2 Mughal, M. R. Ancient Cholistan. Archaeology and Architecture. Rawalpindi-Lahore-Karachi: Ferozsons 1997, 2004.

1.152.6 – Que les Vaches au pis souriant qui favorisent Mâmata, pros-pèrent dans le pays Avanti[1], qui aime le mantra. Puisse-t-il, ayant bu, partager la Connaissance et appeler Aditi de vive voix, et laisser s'échap-per la sagesse de son exil.

Le troisième mandala est l'un des plus anciens, même s'il n'a pas été composé à la date où se déroulent les évènements qu'il décrit. L'hymne du premier est impossible à dater, la distance temporelle est bien trop large pour nous donner une idée précise.

Passons maintenant au Soma. Jusqu'avant l'ajout du 10 ème mandala, la compilation des hymnes du Rig Veda se terminait par le neuvième, entiè-rement consacré au dieu Soma, la boisson déifiée. Nous avons vu que le soma avait une importance considérable pour le bon fonctionnement de la société. Elle lui doit son pacifisme et la paix qui a régné pendant environ au moins 1500 ans. Et donc, aussi, la prospérité qui, généralement, va avec la paix.

Nous avons aussi vu que la sécheresse de 2200 BCE avait duré long-temps, voire très longtemps, de dix ans à un siècle, selon les études. Une sécheresse aussi longue a forcément eu des conséquences sur la flore, no-tamment sur les champignons qui ont besoin d'humidité.

Même s'il pleuvait de temps en temps sur les contreforts de l'Himalaya, les besoins en champignons étaient énormes, puisque, à cette date, la pé-riode mature battait son plein. Les villes étaient très peuplées, le com-merce était très florissant malgré la sécheresse.
Les archéologues n'ont pas trouvé de traces d'affaiblissement des expor-tations en Mésopotamie ni ailleurs. L'irrigation avait remplacé la pluie, comme nous l'avons vu plus haut.

Les maîtres de maison étaient donc nombreux. Il fallait pouvoir les appro-visionner en soma, tous ensemble, aux dates fixées par les astronomes. Les récoltes de soma ne suffisaient plus.
Le dixième mandala nous fournit quelques indices qui appuient cette af-firmation. Nous les avons déjà vu, ce sont les hymnes qui introduisent une inégalité parmi les quatre Varnas.

---

1 Une région du Brahmavarta, le pays entre la Drishadvatî et la Sarasvatî.

Les Shudras deviennent exclus de la consommation de soma dans les sacrifices[2].

10.90.3 – Sa grandeur est vraiment importante, mais le Purusha est encore plus grand. Un quart de lui est composé de tous les vivants ; trois quarts de cet immortel sont dans le Ciel[2].

10.90.4 – Trois-quarts se sont élevés, un quart est revenu ici. Il a marché vers tout ce qui mange et ce qui ne mange pas[3].

Et relativement rapidement, le soma disparaîtra complètement.

10.85.3 – Celui-ci pense avoir bu le soma, quand ils ont écrasé la plante. Mais ce que le brahmane connaît, personne ne le boit, c'est sûr.

10.85.4 – Caché par les dispositions de tes gardiens, Ô Soma, protégé par eux, tu restes à écouter les pierres à presser, aucun terrestre ne te boit.

Les préoccupations spirituelles laisseront la place à d'autres, bien moins élevées :

La cupidité, sera une des premières. L'hymne 10.107 dont voici quelques extraits le démontre parfaitement :

10.107.2 – Ceux qui font des dons aux prêtres se sont élevés dans le Ciel. Ceux qui donnent des Chevaux viennent avec le Soleil. Ceux qui donnent de l'or reçoivent l'immortalité. Ceux qui donnent des vêtements traversent la vie, Ô Soma.

10.107.3 – Le don aux prêtres est la récompense divine. Il est comme un sacrifice aux dieux et n'est sûrement pas pour les avares qui ne l'apportent pas. Cependant, de nombreux hommes l'apportent et le présentent, sans peur.

---

2 Ce qui continuera durant la période védique classique.
2 Première notion d'inégalité. Un quart de la population semble être exclu de la spiritualité : les Shûdras.
3 Ou les mobiles et les immobiles.

10.107.5 – Celui qui est riche en dons est le premier à être appelé. C'est le chef du village qui marche devant. Je pense qu'il est le maître des hommes, des peuples, puisque c'est le premier qui fait des dons.

10.107.7 – Il offre le don de Cheval, le don de Vache et quand il donne de l'or, il gagne la Lumière. Celui qui nous aime et qui le sait, fait du don sa propre cuirasse.

La situation générale se dégrade, voici un shloka qui y fait allusion.

10.28.4 – (Indra) Gardez à l'esprit, ceci, Ô Chanteur, les rivières coulent à l'envers, ce qui n'est pas possible. Le renard se tourne contre le lion, en hurlant. Le chacal se précipite sur le sanglier, le faisant sortir des brous-sailles.

La peur de la mort prend beaucoup d'importance, comme nous pouvons le voir dans cet hymne à Soma.

10.18.1 – Va-t'en au loin, Mort, par l'autre chemin que celui qui mène aux dieux. Je dis à celui qui voit et qui entend : ne nuis pas à ma descendance, ni à mes héros.

10.59.4 – Ne nous livre pas à la mort, Ô Soma. Puissions-nous voir, maintenant, le Soleil s'élever. Avec les jours, que notre vieillesse soit confortable et chasse la destruction, le plus loin possible.

Jusque-là, le soma donnait l'immortalité, et voilà que dans cet hymne le rishi demande à Soma de ne pas le livrer à la mort... Les temps changent...

Le fonctionnement politique de la société évolue et le rôle du roi aussi.

10.173.1 – Tu es venu ici. Sois au milieu, tiens-toi fermement, solidement. Que tout le peuple te désire. Que ta royauté[1] n'échoue pas.

---

1 Le mot Râja que l'on traduit habituellement par roi est trompeur. La racine signifie : ré-gner, administrer, gérer, représenter et peut convenir à un monarque comme à un simple maire. Les Varnas, que nous avons vu dans l'hymne 10.90 citent les râjanyas comme deuxième " caste " et non-pas kshatriyas, qui deviendra le nom officiel de ce Varna, dont la racine signifie " domination, suprématie ".

Cependant un début de démocratie, telle que nous la concevons aujourd'hui, semble exister :

10.124.8 – Ils s'unissent au meilleur qui plaît à Indra. Il réside par sa propre nature chez ceux qui s'enivrent. Ceux-là l'ont choisi comme un peuple choisit son roi. Ils se tenaient, prudemment, à l'écart de Vritra.

Mais, tout n'est pas négatif. La société, qui fonctionne très bien au niveau économique, s'est organisée et prépare l'avenir par un développement et, probablement, l'organisation de l'éducation :

10.32.7 – Puisque, celui qui ne connaît pas le champ a demandé à celui qui le connaît, il poursuit sa route, instruit par celui qui connaît le champ. C'est, en effet, le bienfait de l'instruction, car il a trouvé le chemin qui mène droit devant.

La croyance en la réincarnation se précise :

10.5.7 – L'inexistant et l'existant sont dans le Ciel, le plus loin, à la naissance de l'efficace Aditi. Car Agni est le premier-né de la Vérité : Taureau et Vache dans ses vies précédentes.

La pratique des austérités semble naître, ou se développer nettement. Les sceaux trouvés dans les ruines, lors des fouilles, nous montrent des personnages assis en position de yoga, les deux plantes des pieds, collées l'une à l'autre, tout en gardant le corps bien droit. C'est très difficile à réaliser. Ce type de posture est pratiqué lors d'austérités que le yogi s'inflige, pour élever son esprit.

10.109.1 – Nous avons été les premiers à parler de l'offense contre les brahmanes. Mâtarishvan est un océan illimité. Apportant les austérités, les puissantes Eaux divines, réjouissantes, sont les premières-nées par la Vérité.

10.109.4 – Les anciens dieux et les sept premiers rishis, en pleine austéri-té, en ont parlé : " la femme du brahmane est terrifiante quand elle est dérangée, quand on s'approche d'elle. Elle doit être placée plus loin, dans le Ciel ".

10.154.2 – Ceux-là sont devenus invincibles par l'austérité[1]. Par l'austé-rité, ils sont allés au Ciel. Ils ont fait de l'austérité leur grandeur. Pour eux, alors qu'il parte !

Nous le savons, les Upanishads ne sont pas encore composées, mais nous voyons apparaître de la morale positive :

10.117.2 – Celui qui a de la nourriture, quand un faible et misérable s'approche, désirant manger, ferme son esprit même s'ils se connaissent depuis longtemps, ne trouvera personne pour l'aider.

10.117.3 – Celui-ci est un hospitalier. Il donne au mendiant qui erre, af-faibli, désirant de la nourriture. Il devient facilement celui qui répond à sa demande d'aide et devient, plus tard, son ami.

10.117.5 – Celui qui est plus fort devrait donner à celui qui souffre. Il de-vrait voir le long du chemin, car les Richesses tournent comme les roues d'un char, et vont de l'un à l'autre.

---

1 Ou l'ardeur qui est déployée pour arriver à l'illumination. Ceci nous confirme, indirecte-ment, que le soma s'était raréfié et qu'il commençait à être remplacé par d'autres techniques d'illumination. Elles sont toujours utilisées aujourd'hui.

Le soma ayant quasiment disparu, ou ayant été remplacé par d'autres plantes inefficaces, les hymnes qui parlent d'autre chose que de l'Illumination se multiplient :

Un hymne contre la fausse-couche :

10.162.1 – Avec un mantra, qu'Agni le tueur de démons chasse d'ici cette maladie, au mauvais nom, qui est dans ton fœtus, qui reste dans ton ventre.

Contre les maladies :

10.163.1 – De tes yeux, de ton nez, des oreilles, de ton menton, de ton cerveau qui est dans ta tête, de ta langue, j'extrais la maladie de toi.

Contre les cauchemars :

10.164.3 – Quand, par désir, par affaiblissement, par imprécation, nous avons été idiots, éveillés ou endormis, qu'Agni chasse, au loin, tout ce qui nous fait mal ou qui nous attriste.

10.164.6 – Nous avons vaincu aujourd'hui. Nous avons gagné : nous sommes devenus sans-stupidité. Que le rêve éveillé, les mauvaises manières aillent vers ceux qui nous haïssent, qu'elles aillent vers ceux qui nous détestent.

Pour la naissance d'un fils :

10.183.2 – (Le mari) Je t'ai vu, par mon esprit réfléchi, dans ta recherche d'aide durant tes règles, dans ton corps. Près de moi, la femme est devenue supérieure. Génère une naissance, toi qui veux un fils.

Pour être enceinte :

10.184.1 – Que Vishnu prépare l'utérus. Que Tvashtri taille les formes. Que Prajâpati le verse[1]. Que le créateur place le fœtus en toi.

À ces hymnes, nous pouvons ajouter ceux que nous avons vu dans les chapitres consacrés aux mœurs et à la morale.

---

1 Verse le sperme.

Ces hymnes du 10 ème mandala, nous montrent bien, que l'époque n'est plus la même, et que les sacrifices n'étaient plus uniquement tournés vers la haute spiritualité.

Nous trouvons aussi, ce qui existe dans toute culture : la création du monde matériel :

10.129.1 – Le non-existant n'existait pas. L'existant n'existait pas, à ce moment. Il n'existait ni le Monde intermédiaire, ni le Ciel. Qui a tourné ? Où était la protection ? Quelles Eaux étaient impénétrables et profondes ?

10.129.2 – La mort n'existait pas. L'immortalité n'existait pas, à ce moment-là. Il n'existait aucune forme de nuit ou de jour. Celui-là[1] respirait, sans vent, par sa propre volonté. Il n'existait sûrement rien d'autre, au-delà.

10.129.3 – Les Ténèbres existaient, cachées par les Ténèbres, au commencement. Tout cela existait, sans distinction, instable. Tout cela existait ? Le vide était caché par le vide. Un seul est né par la grandeur de la chaleur.

Mais cet hymne ne conte pas une légende, il se termine par des questions :

10.129.6 – Qui le sait vraiment ? Qui le proclamera ici ? Pourquoi cette naissance ? Pourquoi cette création ? Les dieux sont postérieurs à elle. Alors, qui sait d'où elle vient ?

10.129.7 – Comment a existé cette création ? A-t-elle été réalisée ou ne l'a-t-elle pas été ? Celui qui, dans le Ciel le plus loin, observe ce monde le sait sûrement. Et, s'il ne le savait pas ?

Et le Rig Veda se termine par un hymne à l'Union.

10.191.1 – Ô Agni, tu unis, étroitement, tous les Âryas. Apporte-nous toutes les Richesses quand tu es enflammé, sur le chemin[2].

---

1 Le Brahman.
2 Sur le chemin de l'illumination.

10.191.2 – Venez ensemble. Parlez ensemble. Connaissez par vos esprits, puisque les anciens dieux connaissent la portion[3] et la vénèrent.

10.191.3 – Commun est le mantra. Commune est l'assemblée. Commune est leur pensée par leur esprit. Je vous déclare ce qui nous unit et que je pratique le sacrifice.

10.191.4 – Commun est notre désir. Communs sont nos cœurs. Que votre pensée soit commune pour que vous soyez vraiment ensemble.

De toute évidence, il s'agit d'un hymne adressé à la population de l'époque ou peut-être aux descendants à qui cette dernière compilation est destinée.

Et là, nous arrivons à un point qui n'a jamais vraiment été abordé : pourquoi avoir fait cette dernière compilation, c'est-à-dire avoir ajouté le dixième mandala en fin de civilisation ?

Oui, d'accord, la Sarasvatî coule encore bien. Mais comme la Drishadvatî est asséchée, son débit est quand même nettement moins puissant.

D'autre part, la mousson déréglée depuis plusieurs décennies n'incite pas à l'optimisme. Et puis, aussi, la Sarasvatî est une déesse. La seule rivière qui le soit. C'est aussi sur ses rives que vivait la confédération des Pûrus[2]. C'est de cette confédération de familles que sont issus les Bharatas.

Alors, voir leur déesse décliner a probablement dû inciter quelques Brahmanes à faire connaître aux nouvelles générations ce qu'était cette civilisation qui avait un goût d'Âge d'Or.

---

3 Portion de Richesse spirituelle, l'illumination.
2 10.96.2

Fonctionnement concret de la société

Les castes

Ah !, voilà un sujet qui enflamme les occidentaux ethnocentrés[1]. Ce mot, d'origine portugaise, regroupe indistinctement deux choses : les Varnas et les Jâtis. Varna signifie couleur, et Jâti vie. Les Varnas viennent du Rig Veda et les Jâtis sont arrivés bien plus tard. Partant des Varnas, ces subdivisions se sont transformées au fil des millénaires en sortes de guildes ou corporations. Vous avez des Jâtis de chauffeurs de taxi, de porteurs de thé, et même, de voleurs, de prostitués…. Ces Jâtis font aussi office de service social.

Les Varnas, c'est autre chose. D'abord, ces castes n'apparaissent que dans le dixième mandala, c'est-à-dire dans la période mature, car le Rig Veda n'en parle pas du tout dans les neuf premiers mandalas. Au maximum, nous trouvons de temps en temps le mot Brahmana, qui désigne les prêtres[2]. Mais c'est tout. Les mots : Râjanya, Vaishya et Shûdra n'existent pas encore.

Pour un Indien védique, la société est composée de quatre couleurs. Elle est en quadrichromie. Mais Varna ne signifie pas mépris, division ou intolérance. Dans le Rig Veda, rien ne dit que les castes sont fermées, hiérarchisées à outrance, ni qu'elles génèrent le mépris ou la haine.
Les gens pouvaient changer de Varna en fonction de leur statut social. Par exemple, un Shûdra qui décide de créer une entreprise de main d'œuvre, doit devenir un Vaishya, puisqu'il entreprend.
Il en est de même pour un Vaishya qui fait faillite et qui est obligé de chercher un emploi. Il devient un Shûdra.
Encore aujourd'hui, toute personne, quel que soit son statut social, même les intouchables[3], ou un mleccha[4], comme moi, peut devenir un Brahmane, s'il connaît le veda.

---

1 Ethnocentrisme : Tendance à privilégier le groupe ethnique auquel on ap- partient et à en faire le seul modèle de référence.
2 Et les shlokas ou mantras.
3 Qui n'existent pas dans le Rig Veda.
4 Un barbare.

La société de cette époque avait fortement simplifié la vie de ces peuples grâce aux Varnas.

Les Brahmanas : Nous l'avons vu plus haut, la racine de ce mot signifie grandir, faire grandir. Leur devoir était de grandir spirituellement, eux-mêmes, et faire grandir le reste de la société. Certains d'entre eux pouvaient être des prêtres, mais pas tous. D'autres pouvaient être de gurus, ou pour les maîtres de maison, être le Purohita, l'équivalent des chapelains au Moyen Âge, chez nous.
D'autres pouvaient vivre en étant plus ou moins ascètes. Ce qui comptait vraiment c'était d'atteindre l'Illumination, pour eux, et pour les autres.

Les Râjanyas : ce sont les dirigeants. Cette caste changera de nom après le Rig Veda et deviendra Kshatriya. Les racines sont totalement différentes et démontrent ainsi qu'il y a eu un très fort changement de mentalité après le Rig Veda.

Râjanya est un mot basé sur la racine *râj* qui signifie régner, représenter, administrer, gérer. Nous le traduisons par roi, mais il pourrait aussi être traduit par maire ou bourgmestre.
Kshatriya vient de la racine *kṣatra*, qui signifie domination, suprématie. Et le mot kshatriya est généralement traduit par guerrier. Indra est qualifié de Kshatriya plus d'une fois.

1.81.2 – Tu es un héros, tu es un guerrier, tu es le grand Distributeur, tu fais grandir le faible, tu aides les prêtres du sacrifice en leur donnant beaucoup de Richesses.

6.18.2 – Lui, le guerrier puissant, provoquant le tumulte, toujours sur la même route, celui qui blesse beaucoup, qui honore bruyamment le jus du troisième pressurage qui bouge dans la vaste poussière des hommes, est devenu un humain ordinaire.

Cette différence de mots, et donc de sens, est quasiment passée inaperçue aux traducteurs français qui ont traduit Râjanya par guerrier et même par Kshatriya !!!
C'est une différence fondamentale, car rien ne dit que les Râjanyas étaient violents, dominateurs et autoritaires. Nous l'avons bien vu dans la première partie de cet ouvrage, il n'y a pas de palais, pas de statues ni de fresques guerrières.

Leur rôle dans la société, c'est de la diriger. Les dirigeants ne peuvent venir que de cette caste dont les membres étaient formés à leur futur devoir.

Les Vaishyas : ce mot vient de la racine *viś*, qui signifie communauté, peuple ; tribu. Ce sont les entrepreneurs, les artisans, les commerçants, les agriculteurs….
Leur rôle dans la société est économique. Certains peuvent être très riches, d'autres pauvres. Les riches, les maîtres de maison, devaient offrir des sacrifices et donc boire le soma. Les pauvres, n'ayant pas de pouvoir, n'y étaient pas tenus.

Les Shûdra : la racine *śudh* signifie pur. Ce sont les prolétaires. Aujourd'hui, ils seraient appelés salariés, employés. Ce sont tous ceux qui n'ont que leurs bras pour vivre.

La richesse matérielle n'intervient pas dans ces Varnas. Un Brahmane peut être mendiant, et un Shûdra peut être milliardaire. Ça ne compte pas, mais les deux devront boire le soma. Le Brahmane, parce qu'il doit s'occuper de faire grandir l'esprit et le Shûdra parce qu'il est devenu riche et donc puissant.

L'occidental moyen, quand il entend le mot caste comprend : inégalité de droits.

Or, il ne s'agit pas de droits, mais de devoirs. Et celles qui ont les devoirs les plus stricts, sont, bien logiquement, les castes " supérieures ". C'est la suite naturelle des sacrifices. Les membres de ces castes ont une responsabilité d'une importance capitale : bien gérer la société, dans l'intérêt de tous. Et pour cela, il était impératif, pour les deux castes supérieures, les Brahmanas et les Râjanyas, ainsi que pour les Vaishyas riches, de boire le soma dans les sacrifices et par conséquent de diminuer sérieusement leur ego.

Les Shûdras, les prolétaires, n'y étaient pas tenus. Ils pouvaient le faire, mais comme ils n'étaient, généralement, pas riches, ils n'avaient pas de pouvoir. Et donc, qu'ils aient un ego ou non, n'avait pas de conséquences pour la société. Par contre, s'ils devenaient maîtres de maison, et donc avaient du pouvoir, là, ils devaient offrir des sacrifices et boire le soma. Et aussi changer de caste.

10.90.3 – Sa grandeur est vraiment importante, mais le Purusha[1] est encore plus grand. Un quart de lui est composé de tous les vivants ; trois quarts de cet immortel sont dans le Ciel.

10.90.4 – Trois-quarts se sont élevés, un quart est revenu ici. Il a marché vers tout ce qui mange et ce qui ne mange pas[2].

10.90.11 – Quand ils ont fixé le Purusha, en combien de parties l'ont-ils conditionné ? Qui était son visage ? Qui était ses deux bras ? Qui était ses cuisses ? Qui était ses pieds ? Dites-le !

10.90.12 – Les Brahmanes étaient le visage. Les Râjanyas ont été faits par ses deux bras. Quant à ses cuisses, c'étaient les Vaishyas. Les Shûdras sont nés en tant que pieds.

Cette société a très bien fonctionné tant que le soma était abondant. Mais quand le soma a manqué, les egos sont revenus, doucement, bien sûr, mais en deux ou trois générations, la mentalité a commencé à changer.

Une partie des prêtres va faire de la parfaite réalisation du sacrifice la condition indispensable pour obtenir ce qui est demandé aux dieux. Le soma sera remplacé par d'autres plantes plus ou moins psychoactives. Ces prêtres affirmeront leur pouvoir.

D'autres prêtres se tourneront vers les Upanishads et développeront d'autres techniques pour atteindre l'illumination, comme certaines asanas du yoga, le pranayama, la méditation etc.…
Ce sont eux qui créeront l'hindouisme.

---

1 L'humanité, ou même la société.
2 Ou les mobiles et les immobiles.

L'opposition et ses arguments

Bien entendu, tout ce qui précède est violemment contesté par les tenants de la fameuse invasion-migration.

Quand nous discutons avec eux, ils réfutent nos arguments, souvent avec une certaine violence verbale. Ils soutiennent, mordicus, cette arrivée d'Aryens au milieu du deuxième millénaire BCE. Mais, ils sont tous dans l'incapacité de citer un seul hymne parlant d'une arrivée de population, d'un pays nouveau, d'un pays que l'on regrette etc.

Seuls, quelques écrivains[1] citent dans leurs notes de fin, quelques hymnes parlant de combats. Mais jamais d'invasion-migration.

Les chevaux

Le principal argument des années passées était que l'Inde n'avait pas de chevaux sauvages sur son sol.
S'il est vrai que le désert du Thar n'a pas grand-chose à voir avec les plaines du Far-West, il existait des chevaux en Iran, en Afghanistan et au Turkménistan, pays avec qui la Civilisation des 7 Rivières avait des comptoirs et des relations commerciales et culturelles depuis le début.

Statuette trouvée à Harappa

Le cheval Akhal-Teké est une race célèbre pour sa beauté, son endurance et sa résistance aux conditions climatiques difficiles. Originaire du Turkménistan, ce cheval a été utilisé par les tribus nomades pour les raids et les courses de longue distance.
D. P. Sponenberg, The Prolific and Enduring Akhal-Teke Horse, Journal of Animal Breeding and Genetics, 2015.

---

1 Notamment David Reich dans son livre " comment nous sommes devenus ce que nous sommes ". ed. Quanto 2019, et David W. Anthony et al., " The horse, the wheel, and language: how Bronze-Age riders from the Eurasian steppes shaped the modern world ", Princeton University Press, 2010.

Les Akhal-Teké sont connus pour leur pelage métallique unique qui leur donne une apparence presque scintillante au soleil. Cette caractéristique est due à la structure particulière de leurs poils."
L. K. Harris, The Shimmering Beauty of Akhal-Teke Horses, Equine Science Review, 2018.

Les chevaux Nisaen, originaires de l'ancienne Perse (actuel Iran), étaient renommés dans l'Antiquité pour leur vitesse et leur élégance. Ils étaient souvent réservés aux rois et aux nobles, symbolisant le pouvoir et la richesse.
P. Crawford, Nisean Horses of Ancient Persia, Historical Equine Studies, 2013.

Le Nisaen était particulièrement apprécié par les guerriers perses pour sa capacité à parcourir de longues distances sans se fatiguer, ce qui en faisait un atout précieux pour les campagnes militaires.
A. R. Bell, The Role of Nisean Horses in Persian Warfare, Journal of Ancient Military History, 2017.

Le cheval afghan se trouvait au nord du pays, juste à côté de la " colonie " de Shortugaï, dans la civilisation de l'Oxus, appelée aussi Bactriane-Margiane. Les anciens en ont beaucoup parlé.

" Les chevaux d'Afghanistan, particulièrement ceux de Bactriane, sont renommés pour leur vigueur et leur beauté. Hérodote, l'historien grec, mentionne la présence de ces chevaux dans les armées perses, témoignant de leur importance dans les civilisations anciennes. " – Hérodote, Histoires.

" Les chevaux bactriens, issus des plaines fertiles de l'Afghanistan antique, étaient prisés non seulement pour leur endurance, mais aussi pour leur capacité à traverser les terrains les plus difficiles, ce qui en faisait des montures de choix pour les armées et les messagers. " – Quintus Curtius Rufus, Histoires d'Alexandre le Grand

" Les cavaliers afghans, montés sur leurs puissants chevaux, étaient redoutés sur les champs de bataille de l'Antiquité. Ces chevaux, élevés avec soin dans les steppes de Bactriane, symbolisaient la force et la liberté " – Arrian, Anabase d'Alexandre.

Même si un shloka nous fait penser à des chevaux sauvages en Inde, il est plus vraisemblable qu'il nous parle plus d'Afghanistan, de Turkménistan ou d'Iran.

10.79.7 – Nés dans les bois, les chevaux, venant de partout, sont attrapés avec des cordes lancées. Cet ami qui est bien né, avec les Vasus, a découpé les articulations[1] qui font grandir et prospérer.

Les chevaux semblent nombreux, et attrapés au lasso. Mais, était-ce de l'autre côté de la Kyber-Pass ou au nord de l'Iran, avec le cheval caspien, ancêtre du cheval arabe ?
Le commerce et les échanges ont certainement contribué à approvisionner en chevaux la Civilisation des 7 Rivières.

Linguistique

L'argumentation linguistique n'a pas changé depuis le 19 ème siècle. Voici les principaux arguments:

- La famille des langues indo-européennes montre de fortes similitudes avec le sanskrit et les langues indo-iraniennes, suggérant une origine commune.
- Les textes védiques font référence à des peuples "âryas" conquérants venus du nord-ouest.
- Certains mots du sanskrit n'ont pas d'équivalents dans les langues dravidiennes, indiquant une influence extérieure.

---

1 Ce shloka parle de la bête sacrifiée. Ce qui était rare et sera abandonné plus tard.

159

- Il y a des différences linguistiques marquées entre le nord et le sud de l'Inde.

Qu'il y ait beaucoup de points communs entre le sanskrit et les langues européennes, personne ne le conteste sérieusement. Nous trouvons dans chacune d'entre elles beaucoup de racines communes, du vocabulaire ainsi que des points de grammaire. C'est particulièrement évident dans les langues celtiques (le duel[1] en breton, par exemple).

Par contre, les textes védiques ne disent jamais que les Âryas étaient conquérants et encore moins qu'ils venaient du Nord- Ouest. C'est de la pure fiction.

Qu'il y ait une différence entre les langues dravidiennes et sanskrites semble assez logique. L'Inde ne s'est pas peuplée en une seule fois. Les autres pays non plus d'ailleurs. Aucun pays ne s'est peuplé en une seule fois.

L'**Out of India Theory** est la théorie inverse. Elle dit que les langues européennes viennent d'Inde. Est-ce plus invraisemblable que la théorie officieuse de l'invasion-migration ?

Celle-ci est née dans l'esprit d'un grand sanskritiste allemand vivant en Angleterre : Friedrich Max Müller, traducteur du Rig Veda au 19ème siècle, en pleine période coloniale. Cette époque est celle où les scientifiques, totalement ethnocentrés, voyaient l'occident apporter la civilisation aux autres peuples qu'ils considéraient comme des sauvages à peine humains.

L'Out of India Theory, développée par Shrikant Talageri[2] et d'autres, adopte une perspective différente. Selon cette théorie, les cinq peuples védiques mentionnés dans le Rig Veda auraient migré d'Est en Ouest. Partant de la région de la Sarasvatî, ils auraient traversé l'actuel Pakistan, s'installant ensuite en Afghanistan. Cette hypothèse est soutenue par des preuves architecturales telles que la colonie de Shortugaï, au nord de l'Afghanistan, qui approvisionnait la Civilisation des 7 Rivières en cuivre et en étain, nécessaires à la production de bronze.

---

1 Ou ce qu'il en reste.
2 Rig Veda, an historical analysis. Edition Aditya Prakashan. 2000.

De là, ces peuples seraient remontés par les territoires correspondant aujourd'hui au Tadjikistan, au Turkménistan et à l'Ouzbékistan, avant de s'établir progressivement dans les plaines d'Eurasie.

Alors, qui a raison ? Qui a tort ?

Il existe une autre possibilité que nous avons explorée en étudiant les mythes : la grande sécheresse de 6200 avant notre ère, accompagnée d'un refroidissement général de l'hémisphère nord. Cette période de sécheresse et de refroidissement a été causée par une activité volcanique intense. En conséquence, de nombreux déplacements de populations se sont produits en direction de l'équateur.

Le Mythe de Shushna pourrait être une théorie alternative. Par contre, les hymnes qui en parlent ne peuvent pas dater de cette époque : les roues à rayons n'avaient pas encore été inventées. Pas plus que les armes en cuivre.

La génétique

Bien entendu, la génétique s'en mêle. Les études sur les déplacements de population et le peuplement de la Terre se multiplient. Les généticiens occidentaux, comme David Reich, par exemple publient des études ayant mobilisé de nombreux chercheurs et des gros moyens financiers.

D'après David Reich, dans son livre " pourquoi nous sommes devenus ce que nous sommes " éditions Quanto 2008, l'Europe et l'Inde auraient été peuplées par les Yamnayas, une tribu ukrainienne, il y a environ 5000 ans pour l'Europe et entre 1000 et 2000 BCE pour l'Inde.

Cette affirmation est basée sur leur chromosome Y – l'ADN du père – que l'on trouve partout en Europe. Il est, curieusement, en très forte proportion chez les peuples vivant le plus à l'Ouest, près de la mer, comme les Bretons qui sont des Celtes, alors que cette proportion est plus faible à l'intérieur des terres.

Il affirme que ce chromosome Y se trouve chez les habitants de la zone que nous étudions : le Nord-Ouest de l'Inde, qui parlent une langue indo-européenne.

Mais, il n'a pas pu approfondir car, dit-il, l'ADN fossile ne se conserve pas en Asie de l'Ouest.

" Les études sur le chromosome Y montrent que les haplogroupes R1a, fréquemment associés aux populations des steppes Yamnayas, sont présents de manière significative chez les populations indo-européennes en Inde, suggérant une migration et une influence génétique notable de ces peuples dans la région ".
Peter A. Underhill et al., The phylogenetic and geographic structure of Y-chromosome haplogroup R1a. European Journal of Human Genetics, 2015.

" L'analyse des marqueurs génétiques sur le chromosome Y indique une migration des Yamnayas vers l'Inde qui aurait eu lieu il y a environ 3500 à 4 000 ans, apportant avec eux des caractéristiques génétiques qui sont encore observables aujourd'hui ".
David W. Anthony et al., The horse, the wheel, and language: how Bronze-Age riders from the Eurasian steppes shaped the modern world, Princeton University Press, 2010.

Ces Yamnayas, avant de s'installer en Ukraine, vivaient dans le Caucase. Et comme tout le monde, ils sont venus d'Afrique[1]. Or le Caucase se trouve entre la mer Noire et la mer Caspienne, juste au-dessus de l'Iran et très proche du Turkménistan et de l'Afghanistan. Leur chromosome Y date-t-il de cette période ou est-il né en Ukraine ?
D'autre part, David Reich commence son chapitre sur le peuplement de l'Inde par dire que le Rig Veda raconte l'invasion de l'Inde par des guerriers aryens et il donne les numéros des hymnes qui le prouvent : 1.33 ; 1.53 ; 2.12 ; 3.30 ; 3.34 ; 4.16 ; 4.28.

Comme vous pouvez le vérifier vous-mêmes dans ma traduction, ou celles des autres traducteurs, vous constaterez que ces hymnes parlent de guerre, mais pas de gens à la peau noire[2], et pas du tout de migration, ni d'invasion, ni de déplacement de population, ni d'un pays que l'on regrette, ni quoi que ce soit qui fasse penser à une invasion-migration.

---

1 Dans l'état actuel de nos connaissances.
2 Ces mots n'apparaissent que deux fois seulement dans tout le Rig Veda, mais pas dans les hymnes qu'il cite. Ils ont dans le 1.130.8 et dans le 9.41.1.

Et puis, il y a d'autres analyses : celles faites sur l'ADN mitochondrial –
l'ADN de la mère – qui est plus difficile à analyser.
Il démontre le contraire. Les études montrent que les populations féminines n'ont pas subi de migrations importantes et que les femmes indiennes ont largement contribué au groupe génétique actuel de l'Inde.

" *Les analyses de l'ADN mitochondrial montrent une continuité génétique*
profonde parmi les populations indiennes, remontant à plusieurs dizaines
de milliers d'années, ce qui suggère que les migrations masculines n'ont
pas eu le même impact sur les lignées maternelles ".
Toomas Kivisild et al., "The Genetic Heritage of the Earliest Settlers Per-
sists Both in Indian Tribal and Caste Populations, American Journal of
Human Genetics, 2003.

" *Les études d'ADN mitochondrial indiquent que les lignées maternelles*
en Inde sont restées relativement stables et homogènes sur des millé-
naires, en dépit des migrations masculines détectées par les analyses du
chromosome Y ".
- Référence : Sanghamitra Sengupta et al., "Polarity and Temporality of
High-Resolution Y-Chromosome Distributions in India Identify Both Indi-
genous and Exogenous Expansions and Reveal Minor Genetic Influence
of Central Asian Pastoralists," *American Journal of Human Genetics,
2006.

" *Alors que les lignées paternelles montrent des signes de migrations in-*
do-européennes, les lignées maternelles, analysées à travers l'ADN mito-
chondrial, démontrent une stabilité marquée, reflétant un modèle de peu-
plement complexe avec une influence indigène prédominante ".
Kumarasamy Thangaraj et al., "Reconstructing the Origin of Andaman
Islanders, Science, 2005.

Bizarre, non ? Vous ne trouvez pas ? Les femmes seraient originaires de
l'Inde, et les hommes seraient des guerriers des steppes eurasiennes ?

Résumons les deux opinions. Commençons par la théorie dominante :

1- Haplogroupes Y-ADN : Les analyses des haplogroupes du chromosome
Y montrent une forte présence des haplogroupes R1a, en particulier
R1a1a, qui sont souvent associés aux peuples des steppes indo-euro-
péennes.

2- Migrations Indo-Européennes : Il est supposé que ces hommes apparte-
naient aux populations indo-européennes qui se sont déplacées vers le sud
depuis les steppes de l'Asie centrale, apportant avec eux leur langue et
culture.
3- Patrilinéarité[1] : Les sociétés indo-européennes historiques étaient souvent patrilinéaires, ce qui pourrait expliquer pourquoi l'impact génétique
masculin est plus visible dans les lignées Y .

Les deux derniers points sont des suppositions. Voyons maintenant l'autre
ADN:

1- Diversité des Haplogroupes ADN-MT : Les analyses montrent une
grande diversité des haplogroupes mitochondriaux, suggérant une continuité et une diversité génétique plus anciennes dans les populations féminines de l'Inde du Nord.
2- Continuité locale : Certaines études indiquent que l'ADN mitochondrial
des populations actuelles de l'Inde du Nord a des racines profondes et anciennes dans la région, avant les migrations des steppes.
3- Mariages Endogames : Les pratiques sociales telles que les mariages
endogames (au sein de la même communauté ou caste) ont pu maintenir
et diversifier les lignées maternelles, contribuant à une riche mosaïque génétique.

Le dernier point est une supposition. Supposition solide, quand même, car
l'endogamie est toujours strictement pratiquée en Inde via les castes (Jâtis), ce qui réjouit les producteurs de Bollywood.
Mais les castes n'existent que depuis la fin de la période mature. Qu'en
était-il avant ? Rien dans les neuf premiers mandalas ne laisse entendre
qu'il y avait une séparation, un cloisonnement entre différentes parties de
la population de l'époque pré-urbaine. Pour cela, il faudra attendre le
dixième mandala. Celui qui a été ajouté alors que la Sarasvatî coulait encore mais que la Drishadvatî était déjà asséchée.

La ou les fameuses migrations des steppes, ou l'ex-invasion aryenne, auraient eu lieu au cours du deuxième millénaire BCE. Elles ont peut-être
laissé des traces génétiques, mais absolument aucune trace archéologique.

---

1 Se dit d'un mode de filiation pour lequel seule compte la parenté paternelle. (Le nom, les
privilèges, l'appartenance à un clan ou à une classe se transmettent du père et des parents du
père aux enfants ; aucun droit n'est reconnu aux parents du côté maternel.) Larousse.

En effet, les très nombreuses fouilles, effectuées aussi bien en au Pakistan qu'en Inde, n'ont pas trouvé la moindre preuve de cette migration, que les généticiens ne fixent plus à 1500 BCE mais, plus prudemment, " au cours du deuxième millénaire ".

Pas une poterie suggérant l'arrivée massive d'une autre culture. Pas d'armes de guerre …. rien. Absolument rien !

À moins, bien sûr que cette migration n'ait pas eu lieu à cette époque, mais beaucoup plus tôt : en 6200 BCE lors de la grande sécheresse et du refroidissement de l'hémisphère nord, qui ont été la cause de nombreux déplacements de populations, du nord vers le sud.

Ce qui n'explique pas pourquoi l'ADN des hommes indiens ait été remplacé par celui des arrivants. À moins d'un génocide ciblé sur les hommes. Ce qui paraît gros quand même.

Donc, il nous faudra attendre d'autres informations avant d'être affirmatifs.

Et puis, il y a une autre chose dont personne ne parle : les migrations par la mer. Quand on maîtrise bien la navigation, en se basant sur les étoiles, il est beaucoup plus simple et plus sûr de se déplacer par la mer que par la terre, où les mauvaises surprises sont nombreuses, que ce soit dû à la nature ou aux humains.

Évidemment, cette éventualité ne concerne que l'Out of India Theory. La Mer Caspienne et la Mer Noire sont, d'office, éliminées.

Après 1900 BCE

Nous avons vu que la Civilisation des 7 Rivières s'était terminée aux alentours de 1900 BCE sauf au Gudjarat où elle a continué pendant 5 siècles environ.

Elle s'est terminée à la suite de l'assèchement de la Sarasvatî, suite à un tremblement de Terre, dans un contexte de modifications climatiques et de moussons déréglées.
Il est tout à fait possible aussi que la cuisson de millions de briques, ayant servi à la construction des villes, ait eu un impact important sur l'environnement.

Bien entendu, la population n'a pas disparu. Elle ne s'est pas envolée. Certains sont restés sur place, adoptant une vie rurale. D'autres, beaucoup plus nombreux, sont partis vers la plaine du Gange. D'autres, encore, sont partis vers le Nord et d'autres vers l'Ouest via l'Iran. C'est ce qui est appelé par les archéologues la phase post harappéenne. Les sites sont nombreux et bien fouillés. La continuité culturelle, du védisme à l'hindouisme est évidente : les svastikas, les feuilles de pipal[1] sur les artefacts, le yoga, les poids et mesures, les techniques artisanales, les bateaux, le symbolisme, les jeux de damiers etc.

Les sacrifices ont continué. Le soma n'était plus le même, mais le rituel ne changeait pas. Pour remplacer le soma, l'éphédra mélangé au cannabis était utilisé[2], comme dans les autres petites civilisations comme celle de l'Oxus, des Oasis et du Zoroastrisme. L'effet n'était pas le même. L'éphédra, même mélangé au cannabis ne permet pas de connaître la non-dualité. Son principe actif est celui des amphétamines et n'est pas une tryptamine. Il n'aide donc pas à obtenir l'illumination. Par contre, l'expérience peut être extrêmement impressionnante, mais il y a toujours dualité. Et quand il y a dualité, on est toujours dans le Monde Intermédiaire, pas encore au Ciel.

---

1 Figuier des pagodes.
2 Mais ils ne devaient pas en prendre trois fois dans la journée. Outre que c'est très dangereux, ça épuise tellement, que c'est physiquement impossible.

167

Pour y remédier, une partie des prêtres a développé, dans le courant des Upanishads, d'autres techniques pour l'obtenir, comme le yoga, le méditation, le pranayama. Par contre, l'Ego des dirigeants est revenu avec les conséquences qu'il entraîne et la civilisation védique classique est née progressivement.

La politique

Si en occident, la préhistoire de l'Inde, laisse presque tout le monde indifférent, il n'en est pas de même en Inde. Le sujet principal, qui divise la société indienne, est la fameuse invasion aryenne, qui aurait eu lieu en 1500 avant J.-C (ou en 1500 BCE). Ce sont les Britanniques qui ont apporté cette idée, à la suite d'une des premières traductions du Rig Veda.

Les intellectuels de l'époque ont constaté que les Indiens avaient beaucoup plus de livres très anciens que les occidentaux chrétiens. Vexés, ils ont interprété quelques passages du Rig Veda, comme la preuve irréfutable que la langue et toute la culture indienne avaient été apportées par un peuple de guerriers, blancs aux yeux bleus, venus d'Europe. Ils auraient été supérieurs, par la force et l'intelligence, aux Indiens à la peau noire, donc à moitié sauvages.

Depuis l'indépendance de l'Inde, de très nombreux scientifiques indiens, formés à l'occidentale, se sont penchés sur le problème et ont commencé à contester cette vision colonialiste et raciste du peuplement de l'Inde.

La découverte de Harappa, en 1910 a tout bouleversé. Pas immédiatement, bien sûr, mais progressivement, car la vision britannique avait été adoptée par beaucoup d'entre eux : les militants dravidiens, certaines castes supérieures et certains habitants du nord de l'Inde ayant une peau claire.

Donc, très logiquement, la politique s'en est mêlée, au niveau national comme international.

Au niveau international : la plus grande partie de ladite civilisation de l'Indus se trouve au Pakistan qui est une république islamique fâchée contre la république indienne, qui est, théoriquement, neutre religieusement. Le Pakistan n'acceptera jamais de reconnaître que les ruines de cette civilisation aient quelque chose à voir avec le védisme. De près ou de loin.

Au niveau national : les avis sont très partagés, les récupérations politiques sont nombreuses et de tous bords. De la gauche à la droite, en pas-

sant par toutes les nuances politiques, cette invasion est le sujet de multiples controverses dans lesquelles je refuse d'entrer.

Il m'a été souvent reproché par des occidentaux, qui n'avaient jamais lu le
Rig Veda, de soutenir tel ou tel parti politique indien. Alors, je tiens à pré-
ciser que je ne m'intéresse absolument pas à l'État-Nation indien, que les
Britanniques ont créé en 1947, en s'en allant, malgré eux, au moment de
l'indépendance. Pas plus que je m'intéresse à l'État-Nation Pakistanais,
créé de la même façon, au même moment.

Ce qui m'intéresse, c'est la vérité. Rien d'autre.

Proposition d'un historique

L'historique que je vous propose ne peut être que supposé. Rien, ou presque n'est une preuve tangible, démontré par des scientifiques de renom en dehors des dates de l'éclipse et de l'assèchement de la Sarasvatî.

1- Environ 6200 BCE :

Une grande sécheresse a frappé tout l'hémisphère nord en 6200 BCE. Cette sécheresse était accompagnée d'un refroidissement général de cet hémisphère, entraînant des nombreux déplacements de population.

Il est possible que le mythe de Shushna, qui arrive à la tête d'une armée, soit décrit dans cet épisode climatique et qu'il puisse conter l'arrivée de nouveaux peuples en Inde.
Ce mythe ne parle pas des Dasyus à la peau noire. Donc, je ne pense pas qu'il s'agisse de ces fameux " aryens " qui ont tant plu aux " savants " du 19ème siècle.

2 – Environ 5300 BCE.

Cette date correspond à l 'éruption d'un super-volcan, au large du Japon. D'après les vulcanologues, il s'agirait de la plus grosse éruption volcanique de toute l'histoire de l'humanité, qui a eu des conséquences dramatiques sur le climat et les populations. Il pourrait correspondre au mythe de Vritra, celui retient les eaux, qui bloque les rivières – la pluie – tout en faisant un énorme nuage, cachant la Lumière du soleil. Il ne parle pas de Dasyus, ni de peau noire non plus.

3 – Environ entre 5300 et 3500 BCE

Là, nous allons enter dans l'Histoire, très approximativement quand même. Le roi des Bharatas, Divodâsa, combat le Dâsa Shambara et détruit ses quatre-vingt-dix-neuf places fortes.
Divodâsa – le serviteur du ciel – est le grand-père de Sudâsa qui gagnera la guerre des dix rois, moins d'un siècle plus tard.
Malheureusement, nous manquons d'éléments pour avoir une date plus précise.

Il semble que les agresseurs soient Shambara et ses Dâsas. Il apparaît évident que Shambara était bien installé dans le pays des sept rivières, puisqu'il avait au moins quatre-vingt-dix-neuf place fortes, même si ce nombre n'est pas forcément à prendre à la lettre.

Par contre, les Dasyus à la peau noire, n'apparaissent pas dans ces hymnes.

4 – Environ un siècle après la date précédente.

Les combats de Divodâsa contre Shambara ne sont plus qu'un souvenir. Les cinq peuples védiques de base sont clairement identifiés. Sudâsa, le petit-fils de Divodâsa, roi des Bharatas, lui aussi, fait face à une révolte de tous les autres peuples, y compris les Pûrus, dont les Bharatas sont issus. Ces cinq peuples védiques s'unissent à cinq peuples non-védiques. Sudâsa, un Tritsu – une branche des Bharatas – les combat dans une guerre meurtrière sur la Parushnî et sur la Yamuna.

Ensuite, tous ces peuples se réconcilient, selon la règle que nous avons déjà vue et qui sera décrite dans les lois de Manu, bien plus tard.
La première compilation du Rig Veda – les mandalas de 2 à 7 - scelle les accords de paix entre les peuples védiques.
Cette guerre, a marqué les esprits et semble être à l'origine de la période pacifique. La consommation de soma y a très probablement contribué.

5 – Environ 3500 BCE.

Les villes sortent de Terre. La spiritualité est parfaitement réglée et la vie pacifique et non violente est devenue la règle. Une autre compilation du Rig Veda se fera au fil des siècles. Les mandalas 1, 8 et 9 seront ajoutés.

6 – Environ 2600 BCE.

La phase mature de la civilisation ne commence pas partout en même temps, d'un point de vue archéologique. Mais, l'économie, fonctionne à fond. Les exportations battent des records. La population semble heureuse et épanouie. Le Rig Veda, avec ses neufs mandalas, est LE livre sacré, oral bien sûr, de cette période.

7 – Environ 2200 BCE.

Une grande sécheresse provoque une pénurie de soma. Les pluies n'arrivant plus sur toute la bande intertropicale, les champignons n'y résistent pas. Les prêtres se tournent vers d'autres plantes, notamment l'éphédra mélangé au cannabis et aussi le lotus bleu.
Mais ces plantes ne sont pas enthéogènes, même si les effets peuvent être impressionnants, le résultat ne suit pas.

Petit à petit, l'ego revient avec ses conséquences néfastes, mais encore embryonnaires.
Le climat change. Les moussons ne sont plus régulières. Cela n'affecte pas le commerce international, car l'eau coule encore relativement abondamment dans les rivières.

Les pensées de la population sont moins orientées vers la spiritualité. Les hymnes concernent des préoccupations qui n'ont plus grand-chose à voir avec la recherche de l'illumination.

8 – Entre 2000 et 1900 BCE.

Plusieurs tremblements de Terre dévient les cours des deux affluents majeurs de la Sarasvatî : La Yamuna[1] et la Shutudrî – la Sutlej, aujourd'hui. Le dixième mandala est ajouté. La fin de la civilisation se dessine. Une bonne partie de la population basée sur la Sarasvatî déménage vers les rives de l'Indus.

9 – De 1900 à 1400.

La quasi-totalité de la population s'en va, à l'exception de celle du Gudjarat qui continuera cinq siècles de plus que les autres.
Une bonne partie ira s'installer dans la plaine du Gange. D'autres partiront à l'Ouest, d'autres encore iront au Nord, vers les plaines eurasiatiques.
La spiritualité concrète et pratique, grâce au soma, se transformera en religion. Le Veda laissera la place, au fil des siècles, au Vedanta, et à l'Hindouisme.

---

1 La Yamuna se jetait dans le Drishadvatî – la Chautang, aujourd'hui.

Conclusion

La Civilisation des 7 Rivières était donc une civilisation totalement atypique. Comme nous venons de le voir, aucune autre civilisation de cette importance et de ce genre n'a existé à ma connaissance. Les premières petites civilisations ou cités-états devaient avoir un même fonctionnement, comme le démontrent les fouilles au Turkménistan, en Afghanistan, en Iran et au Pakistan[1], mais pas les autres civilisations importantes.

Grande d'un million de kilomètres carrés, ses caractéristiques principales n'ont jamais été reprises par d'autres civilisations : le pacifisme total, la non-centralisation du pouvoir et la pratique des sacrifices avec la consommation d'un psychédélique.

La Civilisation des 7 Rivières était aussi en avance pour tout ce qui concerne l'urbanisme, où le confort était accessible à tous, riches ou pauvres. Son système de gestion de l'eau aurait pu faire rêver bien d'autres civilisations de cette époque, et de même de celles qui ont suivi.

La faible inégalité sociale, l'absence d'étalage de luxe et de glorification des individus étaient dues à la consommation de soma dans le cadre d'une démarche spirituelle. Sa propriété principale est de dissoudre l'ego, et donc, par la même occasion, de faire disparaître la cupidité, l'agressivité et la violence chez les élites de la société. Le fonctionnement de type communautaire, au lieu de dresser les habitants les uns contre les autres, permettait une forme de démocratie, qui n'a pas grand-chose à voir avec celle que nous connaissons de nos jours et qui n'est réellement démocratique que de nom.

Leur spiritualité, concrète et pratique, se déroulait hors de villes, dans un terrain loué contre une vache, avec comme base une compilation d'hymnes adressés aux dieux et déesses, eux-mêmes des aspects de la nature. Cette compilation raconte l'histoire de ses habitants, depuis des temps immémoriaux.

---

1 Avec Merhgarh.

La Civilisation des 7 Rivières était prospère et semblait profiter à chacun. L'absence de guerre y était certainement pour quelque chose. Différentes communautés vivaient en bonne intelligence, parlant probablement des langues indo-européennes différentes, comme c'est encore le cas aujourd'hui dans cette zone. Ils avaient le sanskrit védique comme langue de communication.

Les femmes n'y étaient pas stigmatisées, et une certaine ouverture d'esprit régnait. Contrairement aux autres grandes civilisations, elle ne pratiquait pas l'esclavage et l'impression générale qui en découle, c'est que le peuple était heureux et vivait dans le confort et l'aisance matérielle, en plein accord avec leur spiritualité.

Des trois grandes civilisations de l'époque, elle est la moins tape-à-l'œil. Pas de constructions monumentales, pas de palais, pas d'esclave, pas d'armée, pas de temple, pas la moindre trace de violence sur une durée d'au moins 1500 ans, aucune trace de misère. Par contre, confort pour tous, hygiène pour tous, et prospérité simple et heureuse pour tous.

La Civilisation des 7 Rivières, comme toutes les civilisations, a fini par s'arrêter. Elle ne s'est pas écroulée. Son arrêt n'est pas dû à des guerres ou des violences, mais à un dérèglement climatique et à deux séismes importants. Ils ont dévié les deux affluents principaux de leur rivière sacrée, et même plus que sacrée puisque elle était une de leurs déesses, la seule rivière à avoir été déifiée.

Mais, contrairement à beaucoup d'autres civilisations, elle n'a pas disparu. Elle s'est transformée. Après avoir été obligés de déménager, les habitants ont migré massivement vers la plaine du Gange, et, au bout de quelques siècles, a elle a donné le védisme classique que l'on retrouve dans le Mahâbhârata et le Râmâyana et toute la littérature classique indienne.

Le vrai soma ayant disparu depuis longtemps. Il a été remplacé par d'autres plantes psychoactives, mais qui n'étaient pas des tryptamines. Néanmoins, l'esprit général est resté et s'est même développé grâce aux prêtres qui s'étaient engagés dans la voie des Upanishads. Quand le veda a laissé la place au vedanta – la fin du veda, la civilisation indienne s'est progressivement transformée pour finir, après de nombreuses invasions, en l'Inde moderne que nous connaissons.

Le monde d'aujourd'hui.

La civilisation occidentale moderne s'est imposée sur toute la surface de la Terre, la plupart du temps par la force et la corruption.
Au début du 19 ème siècle, le Royaume-Uni a fait basculer son activité agricole en une activité de production matérielle de masse, grâce, essentiellement, au pillage des ressources de ses colonies, notamment indiennes. L'Inde qui, avant le British Râj, était un pays riche et prospère, a sombré dans la misère au profit de son colonisateur.

La France a suivi, en pillant l'Afrique, entre autres, et tout l'occident s'est engouffré dans ce qu'il pensait être un eldorado, en produisant des biens de consommation en grandes quantités. L'effet obtenu a été d'améliorer la vie matérielle et d'allonger la qualité et la durée de vie des occidentaux.

Progressivement, la spiritualité a disparu. Les religions monothéistes ont maintenu une forme de morale, au service des puissants, pour maintenir une certaine cohérence civilisationnelle. La montée du matérialisme pur et dur a détruit cette morale, qui, bien que très imparfaite, maintenait une sorte de respect de l'autre, occidental bien sûr.

Les egos des dominants, la cupidité et les idéologies ont généré des guerres sans précédent, notamment au 20 ème siècle qui a connu deux guerres mondiales, avec les pires horreurs que l'on puisse imaginer, dont la Shoah et deux bombes nucléaires.
Bien entendu, l'homme n'est pas devenu cruel au siècle dernier, mais il a industrialisé la bêtise et la cruauté.

Malgré une révolte des jeunes occidentaux, dans les années 1960, qui ne voulaient pas du tout de cette société mercantile, la course vers l'hyperconsommation s'est développée et s'est brutalement accélérée à partir des années 1980. L'idéologie néo-libérale prenait le pouvoir. La cupidité est devenue une vertu, tout comme l'égoïsme, la brutalité, le cynisme et la vanité.

Mais, il n'y a plus de pays à piller. Il faut produire et consommer à outrance, sinon tout l'ensemble va s'écrouler. Et contrairement à la Civilisation des 7 Rivières, ça ne se passera pas en douceur.

Les experts sont unanimes : à force de produire et de consommer, nous avons quasiment épuisé toutes les ressources qui nous sont indispensables pour continuer à vivre de cette façon. L'énergie dont nous avons besoin en grande quantité, ne sera plus disponible d'ici quelques décennies.

En produisant et consommant sans arrêter, nous avons, en moins de deux siècles, détraqué le climat et généré une période de catastrophes naturelles qui ne fait que commencer.

La fin des civilisations

Toutes les civilisations se sont arrêtées. Comme tout ce qui existe dans cet Univers, y compris l'Univers lui-même, elles sont nées, ont vécu et sont mortes.
Ou presque. En fait elles se sont transformées ou ont disparues en laissant les archéologues pantois.

Les causes principales sont les suivantes :

1. Catastrophes naturelles.
2. Dégradations environnementales.
3. Guerres et conflits internes et externes.
4. Déclin de l'économie.
5. Instabilité et corruption.
6. Perte des réseaux commerciaux.
7. Épidémies.
8. Cas particuliers.

Bien entendu, plusieurs facteurs se sont combinés pour la plupart d'entre elles.

Catastrophes naturelles.
Tsunamis, séismes, éruptions volcaniques, inondations, sécheresses prolongées, refroidissement général. La liste pourrait être interminable. Comme nous l'avons vu pour ce qui concerne le mythe de Shushna, le grand refroidissement de l'hémisphère nord, en 6200 BCE, a entraîné une sécheresse ayant frappé l'Afrique du Nord et l'Ouest-Asiatique. Il a aussi généré une montée brutale du niveau de la mer ainsi qu'un refroidisse-

ment général entraînant des déplacements de populations en direction de l'équateur.

La civilisation Minoenne s'est éteinte à la suite de l'éruption d'un volcan sur l'île de Santorin, vers 1200 BCE, produisant un déplacement de la population. Sur l'île, il y avait jusqu'à 40 mètres d'épaisseur de cendre !

Les migrations qui ont suivi ont aussi contribué au déclin des autres civilisations de l'est de la Méditerranée en s'ajoutant aux autres causes.

Dégradations environnementales.

Le saccage de l'environnement, que nous pratiquons avec une certaine ferveur, est un autre élément important pouvant détruire une civilisation. Certaines d'entre elles respectaient leur environnement, mais d'autres beaucoup moins.
Les Mayas ont souffert d'une déforestation massive et de l'épuisement des sols. Ajouté à quelques conflits internes, ça a causé leur chute.

Les guerres et conflits internes et externes.

Il n'y a rien de tel qu'une bonne vieille guerre pour tout détruire. Les conflits internes sont généralement dus à la trahison des élites. Quand une population s'organise en société, les élites, héréditaires ou non, sont chargées de bien faire fonctionner la société, dans l'intérêt général. Mais au bout d'un certain temps, ces élites ne pensent plus qu'à elles et délaissent, voire oppriment le reste de la population. Alors, forcément, celle-ci se révolte.
Les cas de l'Empire Romain est bien connu. Il a été déchiré par des guerres civiles et a finalement été envahi par des peuples germaniques.

Le déclin de l'économie.

Quand une civilisation est en paix, en général, si les élites font bien leur travail, l'économie prospère. Par contre, les guerres sont ruineuses, pas pour tout le monde[1], bien sûr, mais en général la population souffre.
L'empire romain d'occident, doit en grande partie sa chute a une économie affaiblie fortement par des dépenses militaires permanentes et une in-

---

1 Les marchands et fabricants d'armes n'ont aucun intérêt à voir la paix régner.

flation galopante. Bien sûr, les invasions germaniques ont aggravé la situation.

Instabilité politique et corruption.

La suite logique du déclin de l'économie est l'instabilité politique. Celle-ci est généralement accompagnée de la corruption. Quand les élites oublient leur rôle, les troubles internes ne tardent pas à apparaître.
La dynastie de Han, en chine doit son déclin à la corruption et aux conflits internes.

Perte des réseaux commerciaux.

Aujourd'hui, nous avons mille moyens pour importer et exporter, par mer, par terre, et par air. C'était moins simple il y a quelques millénaires et la rupture des réseaux commerciaux pouvait intervenir relativement facilement et anéantir une civilisation.
Les civilisations de l'âge du Bronze récent en Méditerranée en sont un bon exemple. À la suite de la fin de la civilisation minoenne, l'Égypte, l'empire Hittite en particulier se sont effondrées à peu près en même temps.

Les épidémies.

En 2020, le covid 19 est une excellente démonstration qu'une épidémie soudaine peut mettre fin à une civilisation rapidement. Surtout il y a plusieurs siècles alors que vaccins n'existaient pas. Alors, quand une épidémie de peste se manifeste, la population est sérieusement touchée.
L'Empire Romain a été frappé par eux épidémies de peste aux 2 ème et 6 ème siècles.

Cas particulier.

La Mésopotamie : Une salinisation excessive due à une irrigation mal contrôlée, combinée à des invasions et conquêtes des Perses et des Assyriens a eu raison d'une des premières civilisations.

L'Empire Khmer :

Une mauvaise gestion de l'eau, un changement climatique et des invasions et guerres avec les pays voisins, a affaibli la civilisation jusqu'à l'invasion des Siamois,

Les erreurs répétées dans l'histoire humaine.

La concentration des pouvoirs et l'hypercentralisation :
Que ce soit l'Égypte, l'Empire Romain ou l'Empire Chinois, le pouvoir était aux mains d'une élite restreinte et hyper-centralisée. Cette concentration des pouvoirs entraîne forcément des abus en tous genres. Les inégalités sociales trop évidentes apportent des révoltes. L'hyper-centralisation laisse souvent à l'abandon les régions éloignées des capitales.

Aujourd'hui, nous observons des tendances similaires dans certains pays, pas seulement occidentaux, où une concentration excessive du pouvoir peut mener à la corruption et à des mouvements sociaux de contestation.

Surexploitation des ressources naturelles :

Les civilisations comme celle des Mayas ou l'île de Pâques ont connu des déclins en partie dus à la surexploitation de leurs ressources naturelles, entraînant des famines et des effondrements sociaux. De nos jours, la surexploitation des ressources naturelles est une catastrophe dont nous aurons du mal à nous remettre. Elle a des conséquences telles que le changement climatique, la déforestation, la perte de biodiversité, des guerres de l'eau, des famines, entre autres.

Guerres et conflits :

L'histoire est marquée par de nombreux conflits entre civilisations, souvent pour des raisons de territoire, de ressources ou de pouvoir. Les Guerres Puniques entre Rome et Carthage, les invasions mongoles, et bien d'autres exemples montrent comment les guerres ont souvent été destructrices pour les civilisations. À notre époque, les guerres, qui se multiplient, un peu partout, continuent de causer des souffrances humaines et des destructions massives. On ne se bat plus à l'ancienne, armée contre armée, mais armée contre tout ce qui vit[1]. Jamais autant de pays n'ont été aussi armés.

---

1 Voir le carnage à Gaza.

Avec des armes d'une puissance jamais atteinte dans toute l'histoire de l'humanité, la prochaine guerre mondiale sera le nec plus ultra de l'horreur.

Inégalités sociales et injustices.

L'accaparement des ressources par une élite corrompue, l'extrême pauvreté des plus faibles, l'esclavage, l'apartheid, les intouchables dans l'Inde post védique, créent un profond sentiment d'injustice et des inégalités difficilement supportables. Aujourd'hui, bien que l'esclavage soit illégal, les inégalités sociales et économiques sont toujours là, aggravées par la mondialisation et les politiques économiques toujours au service des mêmes, les plus riches. L'esclavage continue. Il a changé de nom et s'appelle, maintenant, le salariat.

Ignorance des avertissements :

Les civilisations anciennes ignoraient souvent les signes précurseurs de leur déclin. Par exemple, les avertissements des philosophes et des scientifiques de l'époque concernant les dangers de la décadence ou des changements environnementaux étaient souvent ignorés. Aujourd'hui, des avertissements identiques concernant le changement climatique, les pandémies ou les crises économiques sont totalement ignorés ou minimisés par les élites.

L'histoire humaine est riche en leçons que nous continuons à négliger, répétant ainsi les mêmes erreurs. Reconnaître ces erreurs et apprendre de l'histoire est essentiel pour éviter des catastrophes équivalentes à l'avenir. Mais, pour notre civilisation mercantile, n'est-ce pas déjà trop tard ?

***

L'avenir de notre civilisation mercantile et matérialiste mondialisée est donc plutôt sombre. A moins d'une prise de conscience générale extrêmement rapide de nos élites, nous fonçons droit dans le mur.

Oh, bien sûr, au dernier moment, ceux qui ne seront pas partis[1] avec la caisse, essayeront de réagir. Mais il sera trop tard. Bien trop tard.

---

1 Sur Mars ?

Ce sont les effets du karma. Ce mot signifie action, acte. La loi du karma est que chaque action ou acte a une ou plusieurs conséquences. Ces conséquences sont aussi bien intérieures qu'extérieures. Quand nous basons toutes nos vies sur des ressources non renouvelables, il ne faut pas s'étonner que quand elles seront épuisées nous ne pourrons plus vivre.

Nous avons, en quelques siècles, détruit la biodiversité, saccagé notre environnement naturel, construit et stocké des quantités d'armes plus destructrices que tout ce qui a été inventé depuis le début de l'humanité. Nous avons construit des civilisations basées sur la compétition, sur l'individualisme forcené, sur la cupidité, sur la haine de l'autre, sur l'hypocrisie et l'absence de morale humaniste la plus élémentaire…

Les occidentaux ne règnent plus sur la planète, et c'est heureux. Ils ont commis les pires crimes contre les peuples qu'ils ont colonisés. Les plus graves de tous ces crimes, ce ne sont pas les massacres, les viols et les pillages[1], mais l'humiliation et la déshumanisation des peuples vaincus. Il va falloir payer l'addition un jour ou l'autre.

Les élites ont trahi. Mais, à de rares exceptions près, les élites trahissent toujours. Elles ont autre chose à faire que de s'occuper réellement du bien être de leurs concitoyens. Elles doivent satisfaire leur ego : se faire réélire, dans ce qui est appelé les démocraties, et laisser leurs noms dans l'Histoire. Dans les dictatures, il faut garder le pouvoir par tous les moyens, dans la plus grande paranoïa, car les dictateurs finissent mal. Quel que soit le système politique, ceux qui sont riches, et donc qui ont du pouvoir ou qui veulent en être le plus près possible, trahissent. Et ceux qui souffrent sont toujours les mêmes.

Les guerres se multiplient et vont se multiplier encore plus. Prenons un pays européen qui se dit être le pays des droits de l'homme, le pays des lumières et qui a comme devise : liberté, égalité, fraternité. C'est le deuxième pays le plus vendeur d'armes au monde ! Juste derrière les USA !
Alors, quand sa voix appelle à la paix et à la négociation, comment peut-on la croire ? Son intérêt est de vendre des armes, partout, à tous les pays ! Et bien sûr, ces armes servent, car il faut que ses usines tournent. La bonne santé du PIB en dépend.

---

1 Au nom de Dieu ou des droits de l'Homme.

Quel que soit le pays dans lequel nous vivons, nous sommes dans un engrenage dont nous ne pourrons pas sortir. Il faudrait tout arrêter tout de suite, et c'est totalement impossible.

D'ici quelques décennies, nous ne pourrons plus vivre sur cette planète, à cause de la chaleur, du manque d'eau, de l'épuisement de nos ressources, des guerres, des épidémies venues des pays chauds…. La liste est trop longue, malheureusement.

Alors, tout est perdu?

Eh bien, peut-être pas. Certains paradigmes sont en train de changer. Si l'écrasante majorité de la population mondiale continue à penser que nous sommes dans la bonne direction. Ce n'est pas le cas de tout le monde.

Il existe, heureusement, une minorité qui a bien l'intention d'en finir avec la façon de penser et d'agir actuelle. Des réseaux de solidarité naissent un peu partout. Ces réseaux n'ont pas de chefs. Ils n'ont pas de Grands Hommes à leur tête. Ce sont des gens simples et humains. Nous n'en sommes qu'au début, ils vont grandir et se multiplier devant l'avancée de la catastrophe finale. Ce sont eux qui nous sauveront, si c'est encore possible, et non pas les politiciens, les armées, ou les multi-milliardaires.

Un autre point positif apparaît depuis moins d'une dizaine d'années : la dédiabolisation des psychédéliques.
Quand ils ont été interdits par Richard Nixon et les sectes fondamentalistes chrétiennes américaines, ils ont été classés dans la catégorie des drogues les plus dangereuses au monde, au même niveau que l'héroïne et l'alcool !!!

Or, depuis peu, les médecins et chercheurs ont repris leurs analyses[1], et ont constaté que ces produits n'étaient ni addictifs, ni dangereux pour la santé. Quand ils sont bien utilisés, ils guérissaient les maux de notre époque : dépressions, mal-êtres et addictions, en une seule séance, ou deux pour les cas les plus difficiles.
Quand ils sont mal utilisés, le pire qui puisse arriver, c'est de passer quelques heures très désagréables, Mais c'est tout. Il n'y a pas de séquelles, sauf pour les gens déjà psychotiques.

---

1 Dans les pays où la recherche est libre.

Or comme nous l'avons vu plus haut, ces psychédéliques dissolvent l'ego en faisant connaître à celui qui en prend, une grande aventure spirituelle qui change sa vie.

La Civilisation des 7 Rivières les utilisait et a existé, pendant au moins 1500 ans, sans guerre, sans violence et dans l'intérêt de tous.

Néanmoins, une énorme sécheresse a mis fin à cette pratique spirituelle concrète et efficace. Il n'y a donc pas de solution idéale.

Mais, si nous savons tirer les leçons du passé, peut-être pourrons-nous reconstruire une civilisation, après l'effondrement final de celle-ci, qui soit humaine, solidaire et fraternelle ?

Les prochaines années vont nous dire clairement si nous allons vers un scénario à la Mad Max 2, en bien pire, ou si nous allons sérieusement modifier notre société pour en faire quelque chose qui soit humain et fraternel.

Bibliographie

Le Veda :

Renou, Louis. Les Hymnes du Rig-Veda. Paris: Gallimard, 1956.

Daniélou, Alain. Le Destin du Monde selon le Veda. Paris: Le Rocher, 1992.

Gonda, Jan. Les religions de l'Inde. Veda et Ancien Hinduïsme. Paris: Payot, 1960.

Biardeau, Madeleine. L'hindouisme: Anthropologie d'une civilisation. Paris: Flammarion, 1981.

Schweizer, François. Les Védas: Introduction et traduction. Paris: Les Belles Lettres, 2015.

Filliozat, Jean. L'Inde classique, manuel des études indiennes. Paris: Adrien-Maisonneuve, 1947.

Pons, Olivier. La pensée religieuse de l'Inde classique. Paris: PUF, 1992.

Staal, Frits. Rites sanskrits. Paris: Les Belles Lettres, 1961.

Filliozat, Pierre-Sylvain. Études védiques et pâṇinéennes. Paris: PUF, 2000.

Dumézil, Georges. Mythes et dieux des Indo-Européens. Paris: Gallimard, 1939.

Renou, Louis. La Religion védique d'après les hymnes du Rig-Veda. Paris: PUF, 1947.

Basham, A. L. L'Inde antique. Paris: Payot, 1975.

Dumézil, Georges. La religion védique. Paris: PUF, 1966.

Senart, Émile. Les origines de la légende Bouddhique. Paris: Ernest Leroux, 1882.

Chattopadhyaya, Debiprasad. Les Matérialistes de l'Inde ancienne. Paris: PUF, 1952.

Le Rig Veda

Renou, Louis. Les Hymnes du Rig-Veda. Paris: Gallimard, 1956.

Gérard, J. Rig Veda: Hymnes aux Dieux. Paris: Éditions du Seuil, 1989.

Daniélou, Alain. Le Rig Veda. Paris: Le Rocher, 1992.

Biardeau, Madeleine. Études sur le Rig-Veda. Paris: PUF, 1965.

Staal, Frits. L'ordonnance du Rig-Veda. Paris: Les Belles Lettres, 1961.

Dumézil, Georges. Mythologie du Rig-Veda. Paris: Gallimard, 1968.

Filliozat, Pierre-Sylvain. Le Rig-Veda et les origines du monde. Paris: PUF, 1973.

Renou, Louis. Littérature du Rig-Veda. Paris: PUF, 1947.

Chattopadhyaya, Debiprasad. Philosophie du Rig-Veda. Paris: PUF, 1962.

Pons, Olivier. Symbolisme dans le Rig-Veda. Paris: PUF, 1990.

Bollée, Willem B. Le sens caché du Rig-Veda. Paris: Les Belles Lettres, 1975.

Staal, Frits. Le Rituel dans le Rig-Veda. Paris: Les Belles Lettres, 1964.

Pottier, Edmond. Les Dieux du Rig-Veda. Paris: PUF, 1952.

Filliozat, Pierre-Sylvain. Phonologie et métrique du Rig-Veda. Paris: PUF, 1954.

Dumézil, Georges. La Théologie du Rig-Veda. Paris: PUF, 1963.

L'usage spirituel et curatif des psychédéliques

Grof, Stanislav. Psychologie Transpersonnelle. Paris: Le Courrier du Livre, 1992.
Leary, Timothy. Le Voyage Intérieur. Paris: Le Seuil, 1973.
Grof, Stanislav. L'esprit Holotropique: Psychothérapie et métaphysique des états modifiés de conscience. Paris: Le Dauphin Blanc, 1998.
Pinchbeck, Daniel. Retour à l'Esprit: Psychédéliques et Renaissance de la Conscience. Paris: Albin Michel, 2010.
Huxley, Aldous. Les Portes de la Perception. Paris: Le Livre de Poche, 1954.
Strassman, Rick. DMT: La molécule de l'esprit. Paris: Mama Editions, 2010.
Labate, Beatriz Caiuby, et Clancy Cavnar. Ayahuasca Shamanism in the Amazon and Beyond. Paris: PUF, 2014.
Perkins, John M. Chamanes, l'usage des plantes psychoactives. Paris: Mama Editions, 2005.
Weil, Andrew. Santé et drogues: une nouvelle approche. Paris: Le Seuil, 1972.
Metzner, Ralph. Sacred Mushroom of Visions: Teonanácatl. Paris: Éditions du Seuil, 2004.

Les civilisations de l'Oxus, des Oasis et de l'Iran ancien

Francfort, Henri-Paul. La civilisation de l'Oxus: Archéologie de l'Asie centrale soviétique. Paris: Éditions du CNRS, 1988.
Boucharlat, Rémy. Le Plateau Iranien: De la Préhistoire à la fin de l'époque sassanide. Paris: Picard, 2001.
Potts, Daniel T. Les civilisations de l'Iran ancien. Paris: CNRS Éditions, 1999.
Biscione, Roberto, et al. Les Oasis du désert de Karakoum: Histoire et archéologie. Paris: L'Harmattan, 2002.
Ligabue, Giancarlo, et Svetlana Pankova. Oxus: Trésors de l'Asie centrale. Paris: Actes Sud, 2012.
Sarianidi, Viktor. Margiana et la Bactriane: Les civilisations des oasis dans le désert du Karakoum. Paris: L'Harmattan, 1990.
Roux, Jean-Paul. L'Asie centrale: Histoire et civilisations. Paris: Fayard, 1997.
Ghirshman, Roman. Iran: des origines à l'Islam. Paris: Flammarion, 1962.
Masson, Vadim M. Altyn-Depe: Une ville de l'âge du bronze au Turkménistan. Paris: CNRS Éditions, 1988.
Yagodin, Vadim N. Les civilisations anciennes de l'Asie Centrale. Paris: Éditions du Seuil, 1997.

Le réchauffement climatique actuel

Le Treut, Hervé. Le Climat à découvert: Outils et méthodes en sciences du climat. Paris: CNRS Éditions, 2012.

Giec. Les bases scientifiques du changement climatique. Paris: CNRS Éditions, 2013.

Vidal, Jean. Le climat: Une planète sous influence. Paris: Le Pommier, 2012.

Fressoz, Jean-Baptiste, et Fabien Locher. Le climat et la Révolution française. Paris: La Découverte, 2020.

Lenton, Timothy M. La mécanique du climat. Paris: Belin, 2020.

Pocachard, Nathalie. Climat: enjeux, controverses, réalités. Paris: Editions Autrement, 2017.

Hourdin, Frédéric. La Fabrique du climat: Science, politique, et géopolitique du changement climatique. Paris: Seuil, 2016.

Hulme, Mike. Pourquoi nous désaccordons-nous sur le climat? Paris: Le Cavalier Bleu, 2009.

Chakrabarty, Dipesh. La Terre à l'ère de l'Anthropocène. Paris: Gallimard, 2019.

Bonneuil, Christophe, et Jean-Baptiste Fressoz. L'événement Anthropocène: La Terre, l'histoire et nous. Paris: Le Seuil, 2013.

La destruction de la biodiversité

Ponge, Jean-François. La biodiversité: de l'évolution à l'extinction programmée. Paris: Vuibert, 2005.

Ehrlich, Paul R., et Anne H. Ehrlich. La sixième extinction: Comment l'homme détruit la vie. Paris: Seuil, 2010.

Le Roux, Xavier. Biodiversité et changements climatiques: Enjeux et solutions. Paris: CNRS Éditions, 2015.

Couvet, Denis. La biodiversité: Genèse et extinction. Paris: Quae, 2016.

Hervé, Pierre. Espèces en danger: La biodiversité en péril. Paris: Le Pommier, 2018.

Lévêque, Christian. La nature en crise: Penser la biodiversité. Paris: Quae, 2011.

Maljean-Dubois, Sandrine. La protection de la biodiversité: Droit et politique. Paris: LGDJ, 2019.

Koechlin, Florence. Biodiversité et bien-être humain. Paris: A. Colin, 2012.

Temple, Sophie. Les enjeux de la biodiversité. Paris: Armand Colin, 2009.

Miquel, Claude. Le déclin de la biodiversité. Paris: Éditions du CNRS, 2008.

Les perspectives d'avenir de l'humanité

Attali, Jacques. Une brève histoire de l'avenir. Paris: Fayard, 2006.

Jancovici, Jean-Marc. Changer le monde: Tout un programme! Paris: Seuil, 2021.

Latour, Bruno. Où atterrir ? Comment s'orienter en politique. Paris: La Découverte, 2017.

Servigne, Pablo, et Raphaël Stevens. Comment tout peut s'effondrer: Petit manuel de collapsologie à l'usage des générations présentes. Paris: Seuil, 2015.

Giraud, Pierre-Noël. L'avenir des ressources minières. Paris: PUF, 2010.

Demeulenaere, Elise. Reprendre la terre aux machines: Manifeste pour une autonomie paysanne. Paris: Seuil, 2017.

Gemenne, François. L'Atlas des Futurs du Monde. Paris: Autrement, 2020.

Schneider, François. La décroissance pour tous: Au-delà du mythe de l'abondance. Paris: Le Passager Clandestin, 2013.

Charbonnier, Pierre. Abondance et liberté. Paris: La Découverte, 2020.

De Rosnay, Joël. Je cherche à comprendre: Les codes cachés de la nature. Paris: Laffont, 2019.

***

N'oubliez pas les notes de bas de page, et tout ce que vous pourrez lire à ce sujet. Pour les vieux livres en français comme en anglais, vous trouverez une mine sur :

https://www.forgottenbooks.com/

et venez voir mon site

https://rigvedafr.com/

Bonne méditation.

Table des matières

AVANT-PROPOS...13
Le matériel..17
Architecture et Artefacts.......................................21
    Les villes..22
    Objets de la vie quotidienne............................32
    L'économie...33
    Comptoirs en Iran et à Sumer..........................39
    Les ports...39
    L'écriture mystérieuse......................................41
    Armes...44
    Organisation sociale et politique :...................45
    Sépultures...48
    Vêtements et parures..49
    Instruments de musique....................................51
    Jeux et loisirs...51
    Poids et mesures...53
Le spirituel..57
    La spiritualité...61
    Le sacrifice :...61
    Le sacrifice privé :..62
    Les sacrifices publics :.....................................63
    Le Mantra...64
    Les techniques pour atteindre l'illumination.....66
    Les trois mondes :...67
    Mâyâ :..68
    Rishi :..69
    Réincarnation :..69
    La morale :...69
    Lignée, descendance :.......................................69
    Lexique...71

Le Rig Veda...73
  Où et quand ?...79
  Géographie 81
  Dates...83
De quand date la fin ?...90
Les grands mythes...95
  Vritra..95
  Shushna 97
  Shambara 99
  Les Dasyus (ou Dâsas)...101
La guerre des dix rois...105
Les autres guerres entre Âryas...109
La Spiritualité..111
  Le sacrifice...111
  Le soma..114
  Religion ou Spiritualité pure..122
  L'objectif à atteindre pour chacun.......................................123
  Les trois mondes...124
Fonctionnement de la société...125
La place de la femme...127
Les mœurs..129
  Les funérailles..129
  La sexualité...130
  L'alcool :...134
  La viande :..135
  Les Eunuques...136
  La Richesse matérielle...136
  Les sâdhus...137
Sécheresse et pénurie de soma..139
Le dixième mandala...143
Fonctionnement concret de la société.....................................153
  Les castes...153
L'opposition et ses arguments..157
  Les chevaux..157

Linguistique..159
La génétique...161
Après 1900 BCE...167
La politique..169
Proposition d'un historique.........................171
Conclusion...175
Le monde d'aujourd'hui.............................177
La fin des civilisations..............................178
Alors, tout est perdu?...............................184
Bibliographie...187

https://rigvedafr.com/